L'ORTHOGRAPHE

PAR

L'ANALOGIE ET LE CONTRASTE

A L'USAGE

DES COMMENÇANTS

PAR

J. PLICAUD

INSTITUTEUR

Ouvrage destiné à servir en même temps de livre du maître, pour la Lexicologie et la Lexicographie simultanées, du même auteur

PARIS
LIBRAIRIE CH. DELAGRAVE, ÉDITEUR
58, RUE DES ÉCOLES, 58

1874

L'ORTHOGRAPHE

PAR

L'ANALOGIE & LE CONTRASTE

L'ORTHOGRAPHE

PAR

L'ANALOGIE ET LE CONTRASTE

A L'USAGE

DES COMMENÇANTS

PAR

J. PLICAUD

INSTITUTEUR

Ouvrage destiné a servir en même temps de livre du maître, pour la Lexicologie et la Lexicographie simultanées, du même auteur

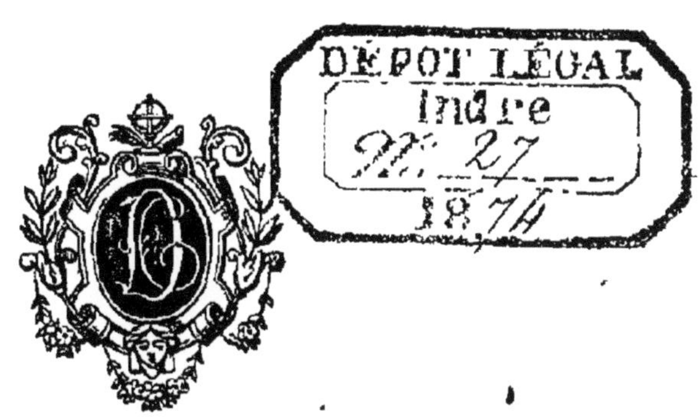

PARIS

LIBRAIRIE CH. DELAGRAVE, ÉDITEUR

58, RUE DES ÉCOLES, 58

1874

CHATEAUROUX. — IMPRIMERIE A. NURET ET FILS.

PREMIÈRE PARTIE

MOTS DANS LESQUELS LA DIFFICULTÉ EST INITIALE.

Mots commençant par **ab** *et mots commençant par* **abb.**

abbaye
abbé
abbesse
abeille
abecquer
abbatial
abattoir
abattre
abaque
abélanier
abénévis
Abbeville

Mots commençant par **ac** *et mots commençant par* **acc.**

accabler
accablement
acabit
accaparer
accaparement
accapareur
acare
acariâtre
académie
académicien
accourir
acoustique
accoupler
accouplement
accréditer
âcreté
âcre
accolade
acolyte
acolytat
aconit
accorder
accord
acuité
acut
accumuler
accumulation
acuponcturer
acuponcture

Mots commençant par **ad** *et mots commençant par* **add.**

addition
additionnel
adipeux
adinérer
adducteur
adduction
Adige
Adda
aduler

adulateur.
adulation
adulte
adultération
adultérer
adolescent
adolescence
adonner (s')
adoucir
adoucissement

Mots commençant par **af** *et mots commençant par* **aff.**

afatonier
affabilité
affable
affabulation
afilager
affaisser
affaissement
affectation
affecter
afioume
affectionner
affection
affectueux
afférent
afférer
affétorie
affété
afficher
affiche
affistoler
affiler
affilier
affiliation
affiner
affinité
affirmer
affirmation
affliger
affluer
affliction
affouage
affourrager
afragar
affranchir
affrétement
affreux
affront
Afrique
afrousa
affût

Mots commençant par **ag** *et mots commençant par* **agg.**

agacer
agacement
agacin
agami
agaric
agglomération
agglomérer (s')
agate
agglutiner
agglutinatif
aglutition
aggravant
agrafer
agrafe
agréable
agréer
agréger
agrégation
aggrédir
agresseur
agression
agreste
agriculture
agriculteur
agricole
agronome
agronomie

Mots commençant par **al** *et mots commençant par* **all.**

alambic
alambiquer
alandier
alarme
allaiter
allaitement
aléatoire
allégresse
allègre
alépine
alléguer
alléger
allégir
alésoir
alésage
aléser
alésures
Allemagne
Allemand
alevin
aleviner
alezan
alleboter
allebote
alentour
alibile
alinéa
alligator
Alicante
alizier
alize
alidade
allitération
aligner
alignement
alichon
alliage
alliance
alliacé
aliment
alimenter
alimentation
allingue
alisé
alité
alopécie
alopécure
allocation
allouer
alouette
alose
aloès
alluchon
allumette
allumer
alumelle
allure
allusion
alluvion
aluminium
alumine
alun

Mots commençant par **an** *et mots commençant par* **ann.**

ana
Anna
annaliste
annales
anachorète
anachronisme
anagramme
anneler
annélide
anneau
anéantir
Annette
anémone
Annecy
anecdote
anhémie
annexer
annexion

anémomètre
anesthésie
analogie
analyse
analyser
ananas
anarchiste
anarchie
Anaclet
Anacharsis
Anacréon
Anastase
Anatole
Anaïde
Anaïs
Anastasie
Anatolie
Annonay
ânonner
annonacé
anoblir
anodin
anomalie
anonyme
annoncer
annonce
annonciation
anorexie
anosmie
annoter
annotation
animadversion
anicroche
Annibal
animal
annihiler
animosité
Anicet
anniversaire
année
annuité
anuiter (s')
annuaire
anuer
annuel
annuellement
annuler

Mots commençant par **ap** *et mots commençant par* **app.**

apanage
apparat
aparté
appareiller
apparence
apathie
aparonner
apparaître
apaiser
appartenir
apepsie
apercevoir
apéritif
appeler
apétale
appétit
appauvrir
appendice
appentis
apitoyer
appiler
aplanir
applaudissement
applaudir
aplatir
appliquer
aplomb
apocalypse
apocryphe
apport
apporter
apposer
apposition
apode
apogée

apographe
appointements
apologie
apologue
appogiature
aponévrose
apophthegme
apophyse
appointir
apostasier
apostasie
apostat
aphorisme
apostiller
apostille
apprécier
appréciation
appréhender
appréhension
apôtre
apostolat
apostaxis
apostème
apposter
apprenti
apothéose
apothicaire
apprêter
apprêt
apprivoiser
approuver
approbation
approcher
approche
apothème
apozème
approfondir
appropriation
approprier
approvisionner
approvisionnement
approximatif
approximativement
appuyer
appui
apurer
apurement

Mots commençant par **ar** *et mots commençant par* **arr.**

Arabie
Arabe
arabesque
Arras
arable
araire
aratoire
arracher
arachnéides
arachnides
Aragon
araser
arase
arranger
arène
arrêter
arrêt
arète
arêtier
arrérage
aréomètre
aréopage
arrimer
arrimage
aridité
aride
aridure
Aristarque
arrhes
Ariége
arrière
arrière-boutique
arrière-caution
arrière-goût
arrière-neveu
arrière-point

arriéré
arriérer
arrière-saison
ariette
aristocrate
aristocratie
aristoloche
arriver
arithmétique
aroche
aromatiser
aromate
aromatique
arrogant
arrogance
aronde
arrondir
arrondissement
arroser
arrosoir
aruspice

Mots commençant par **at** *et mots commençant par* **att.**

attabler (s')
ataxie
attache
attacher
atelier
atteler
attelage
attaquer
attaque
attarder (s')
atermoyer
Atala
Atalante
Attale
atteindre
atteinte
atome
attendre
attente
attendrir
attendrissement
attenter
attentat
attentatoire
attenant
attention
attentif
atonie
atténuer
atténuant
atterrir
attérrissement
atterrer
atour
attester
atticisme
attifet
atout
attirail
attraction
attirer
attiser
attitré
attitude
attrait
attraper
atrabilaire
attrayant
attribuer
atroce
atrocité
attributions
attrister
attrition
atrophie

Mots commençant par **il** *et mots commençant par* **ill.**

iléum
iléon
illatif

illégal
illégalité
île
illégitime
illettré
illicite

îlot
illico
illisible
illuminer
illumination
ilote

illusoire
illusion
illustrer
illustration
illutation

Mots commençant par **im** *et mots commençant par* **imm**.

image
imagerie
imagination
imaginaire
imaginer
immarcescible
immaculé
immanent
immatériel
immatriculer
immatricula-[tion
imarct
immédiat

immédiatement
immémorial
iman
immensité
immense
immersion
immerger
immeuble
immuable
imminence
imminent
immiscer (s')
immobilité

immobile
immodéré
immoler
immonde
immondices
immoralité
immoral
immortalité
immortaliser
immortel
immutabilité
immutable
immunité

Mots commençant par **in** *et mots commençant par* **inn**.

innervation
inerme
inertie
inerte
inabordable
inaccessible

inaction
inamovible
inanité
inutilité
inanition
inaugurer

inauguration
inédit
inné
ineffaçable
inénarrable
inepte

ineptie
inexorable
inascibilité
inascible
innavigable
innocence
innocent
inoffensif
innocuité
inondation
innombrable
inopiné
innommé
innover
innovation
inouï
Inigo
Inès
Inéis

Mots commençant par **ir** *et mots commençant par* **irr**.

irascibilité
irascible
irradiation
irradier
iridium
iris
irréalisable
irréconciliable
irrécusable
irréfragable
Iréna
Irène
Irénée
irrégulier
ironie
ironique
irréligion
irrévocable
irriguer
irrigation
irritabilité
irritable
irriter
irritation
irroration
irruption

Mots commençant par **op** *et mots commençant par* **opp**.

opacité
opaque
opportunité
opportun
opéra
opération
opérer
opérateur
opératoire
opercule
opale
opposer
opposition
opiacé
opium
opiner
opiniâtreté
opiniâtre
opiniâtrer (s')
opinion
oppression
oppresser
opprimer
opulent
opulence
opprobre
opuscule

Mots commençant par **bal** *et mots commençant par* **ball**.

baladin
ballade
balafre
balance
balancer
balancier
balladoire
balayer
balai

baleine
ballon
balise
balisier
ballant
baliste
balistique
baliveau
baliverne

ballot
ballottes
ballotter
ballottage
balourd
balourdise
ballotine
balustrade
balustre

Mots commençant par **cal** *et mots commençant par* **call**.

Calais
calamité
calebasse
cale
callosité
calomnie
calorifère
calotte
caleçon

calembour
calendrier
calepin
Callixte
Calypso
Calliste
Callisthémie
calibre
calice

calligraphie
califourchon
calife
calicot
Calliope
câlin
câlinerie
câliner
caligineux

Mots commençant par **mal** *et mots commençant par* **mall**.

maléfice
malencontreux
malévole
malléable
malaise

malavisé
malice
malignité
malingre
mallemolle

malique
malitorne
malléole
malotru

Mots commençant par **gal** *et mots commençant par* **gall**.

gala

galactique

galantine

Galatée
Galéas
galerne
galet
gallican
galetas
galette
galimafrée
galimatias
Gallipoli
Galilée
Galice
Gallicie
gallicisme
gallinacé
galoche
galon
galoper
gallique
galle
gale

Mots commençant par **pal** *et mots commençant par* **pall.**

palais
palladium
Pallas
palatine
palefrenier
palefroi
Palamède
Palladie
paléographe
paléologue
paléontographe
paléontologue
paletot
pallier
palliation
palliatif
palier
palinodie
palissade
palis
palissandre
palissage
palisser
pallium
palonnier

Mots commençant par **val** *et mots commençant par* **vall.**

valériane
Valère
Valéry
Valentin
Valentinien
Valérie
Valérien
Valentine
Valenciennes
Valladolid
Valence
valétudinaire
vallécule
vallée
vallon
valide
valider
validation
validité
valise
vallaire
valonnée

Mots commençant par **col** *et mots commençant par* **coll.**

collaborateur
collaborer
collaboration

colaphiser
collatéral
collationner
collation
colature
collecte
collectif
collection
collectionner
coléoptère
colère
colérique
collége
collégial
collégien
collègue
colérite
ou
coléritum
coller
collerette
collet
colleteur
collier
colibri
colifichet
colliger
colicitant
colimaçon
colliquatif
colliquation
colique
colline
colitigant
Colisée
collision
colis
colloquer
collocation
colloque
colonel
coloniser
colonisation
colonie
colon
collusoire
collusion
colonnade
colonne
collutoire
colophane
coloquinte
collyre
colorer
colorier
coloris
colossal
colosse
Cologne

Mots commençant par **mol** *et mots commençant par* **moll.**

molécule
mollesse
molester
molleton
molette
mollasse
molière
mollir
molybdène
Moluques
mollusque

Mots commençant par **mil** *et mots commençant par* **mill.**

Milan
mille
millésime
milice
millimètre
millième

millénaire
milliade
milligramme
millilitre
millime
milieu
million
militer
militaire

Mots commençant par **ban** *et mots commençant par* **bann.**

banal
banalité
bananier
banane
bannasse
bannat
banatte
banne
banneton
banian
bannette
banneret
bannière
bannir

Mots commençant par **can** *et mots commençant par* **cann.**

Canada
canaille
canaliser
canalisation
canal
cannamelle
canne
cannabine
canapé
canapsa
canard
canari
canneberge
canepin
cannelure
canneler
caneton
cane
canne
Cannes
canezou
cannelier
cannelle
canevas
caniche
canicule
cannibale
canif
canine
canitie
canon
cannelon
canonicité
canonique
canonisation
canoniser
canonnade
canonner
canonnier
canotier
canot

Mots commençant par **pan** *et mots commençant par* **pann.**

panne
panacée
pannaire
panache
panade
panneau

Panama
panais
panard
panaris
panneton
panetier
paneterie
panetière
panerée
panique
panicule
pannon
panoplie
panonceau
panorama
pannositeux

Mots commençant par **tan** *et mots commençant par* **tann.**

tanière
tanne
tannée
tanner
tannin
tannerie
tanneur
tanaisie
Tannegui

Mots commençant par **van** *et mots commençant par* **vann.**

vanille
vanneau
vanité
vaniteux
vanne
vannerie
vannier
vannette
vanesse

Mots commençant par **bar** *et mots commençant par* **barr.**

baragouiner
baragouin
baragouineur
baragouinage
barrage
barrager
baraque
baratte
baraterie
barre
barrière
barreau
barège
barrer
barème
baret
bareter
barrette
barillet
baril
barigel
barricader
barricade
barigoule
barrière
barriquaut
barrique
barioler
bariolage
barroir
baromètre
baron
barrutine
barotte
baroque
barroter
barrot

Mots commençant par **car** *et mots commençant par* **carr**.

carabin
carabinier
carabine
caracoler
caracole
Carrare
carafon
carafe
caramboler
carambolage
caramel
carapace
carat
caravane
caravansérail
carré
carène
caréner
carême
carrefour
caret
carrelet
carence
carreler
cariatide
carrick
caricaturiste
caricature
carrière
carie
carié
carillonner
carillon
carriole
Carise
Carita
Carite
carrossier
carrosse
carotide
carotte
carottier
carotter
carrousel
caroubier
caroube
carrure
carus

Mots commençant par **com** *et mots commençant par* **comm**.

coma
commande
commandement
commandant
commander
commanditaire
commandite
comédie
commémoratif
commémoration
comestible
commensal
commensurable
commentaire
commentateur
commenter
commercer
commerce
commercial
comète
commettant
commettre
commination
comice
comminatoire
comique
comédie
commisération

comité	**comm**issure	**comm**utation
commis	**Côme**	**comm**un
commissaire	**comm**odat	**comm**unal
commissariat	**comm**ode	**comm**une
comitial [naire	**comm**odité	**comm**unauté
commission-	**comm**otion	**comm**unicatif
commission	**comm**uabilité	**comm**uniquer
commissionner	**comm**uable	**comm**unier
commissoire	**comm**uer	**comm**union

Mots commençant par **cor** *et mots commençant par* **corr**.

coracoïde	**Corr**èze	**cor**oné
corradoux	**corr**idor	**corr**ompre
Cora	**cor**iace	**corr**upteur
Coralie	**Cor**inne	**corr**uption
corail	**Cor**isandre	**corr**oyeur
correct	**Cor**iolan	**corr**oyer
correctif	**cor**ollaire	**corr**oierie
corriger	**corr**oboration	**cor**uscation
correction	**corr**oborer	**corr**ugation
correctionnel	**corr**oboratif	**corr**ugateur
corrégidor	**cor**olle	**cor**ymbe
coreligionnaire	**corr**osif	**cor**indon
corrélatif	**corr**osion	**Cor**inthe
corrélation	**cor**onal	**cor**yphée
Corée	**cor**onaire	**cor**ysa

Mots commençant par **ha** *et mots commençant par* **a**.

habeas-corpus	**a**bêtir	**ha**bileté
aberration	**ha**bile	**a**bîme

habillement
habit
habiller
habitable
habiter
habitation
habituel
habitude
Abyssinie
abject
abjection
hâblerie
hâbler
hâbleur
ablette
ablution
hamadryade
Amadis
amadou
hamac
amabilité
hameau
amalgame
amalgamer
amarante
hameçon
Amérique
Amiens
améliorer
amélioration
hamée
aménager
amener
aménité
armoire
armoise
harmonieux
harmonie
armistice
harmattan
armillaire
harceler
arceau
archet
hardes
hardi
hardiesse
ardu
ardent
ardeur
hargneux
ardillon
ardoisière
ardoise
haricot
argot
haridelle
argousin
arlequinade
arlequin
harnachement
harnais
harnacher
arnica
arpége
harpiste
harpe
harper
arpent
arpenteur
arpenter
harpie
harpin
harponner
harpon
arquebusier
arquebuse
armurier
arme
arquebusade
Alban
Albert
Albéric
halbran
hallebarde
albâtre
albatros
Albi
haleter
albinos

hallier
albumine
halitueux
haleine
Aline
Algérie
Alger
alcade
hallucination
alcali
haltère
Avignon
havresac
Avallon
Avranches
hâve

Mots commençant par **é** *et mots commençant par* **hé**.

hebdomadaire
ébéniste
ébène
ébénier
hébêter
hébétude
héberger
ébaucher
ébauche
Hébé
hébraïque
Hébreu
éblouir
éblouissement
éboulement
éboulis
ébruiter
Hébrides
ébullition
hécatombe
écacher
écraser
écaille
écailler
écaler
écale
hectare
écarlate
écarquiller
écart
écarter
échafauder
échafaudage
échafaud
échalasser
échalas
échalier
échancrer
échancrure
échandole
échanger
échange
échanson
échantillon
échappatoire
échappée
échapper
écharbot
écharde
écharpe
échasse
échassier
échauboulure
échaudé
échauffourée
échéance
échec
écheveau
échevin
échine
échinéen
échouer
écimer
éclabousser
éclaboussure
Hécla

éclipse
éclipser
écliptique
éclisse
éclisser
éclopé
éclosion
éclore
écluse
écobuer
écoinson
éconduire
écornifleur
écornifler
écouvillon
écran
écrille
écrin
écrou
écrouer
écrouelles
écrouir
hectogramme
ectopie
hectomètre
hectolitre
Hector
éculé
écureuil
écuyer

équitation
édifiant
édifier
édification
édifice
hèdre
hédérée
édit
éditeur
éditer
édition
édulcorer
édule
Edmond
Edgard
Édouard
Edwige
égide
hégire
Églé
Hégésippe
Égérie
élaboration
élaborer
Hélène
Éléonore
Élisa
Élise
Élisabeth
Élias

Éliacin
Élie
Élisée
Héliodore
Éléazar
Héloïse
élasticité
élastique
Elbeuf
Helvétie
Elvire
Elfride
helminthe
Elme
Hélianthe
élire
élection
électeur
électif
électoral
éligibilité
éligible
élu
hélice
hélicoïde
élider
élision
héliotrope
élite
élocher

élocution
Élodie
éloge
éloquent
éloquence
éluder
élucider
émaciation
hématémèse
émaner
émanation
hématoïde
émarger
émargement
héméralope
émeraude
émeri
hémérocalle
émétique
émettre
émission
émissif
émeutier
émeute
hémicrânie
émigrer
émigration
hémicycle
éminence
éminent

hémisphère
émissaire
hémistiche
hémione
émollient
émolument
hémoptysie
hémorrhagie
émonder
émondage
émotionner
émotion
émoudre
émousser
hépatique
épagneul
épanoui
heptagone
épaté
épars
épidémique
épidémie
épiderme
épigonate
épilogue
épiloguer
épistolaire
épître
épizootique
épizootie

éplucher
équarrir
équateur
équestre
équiangle
équilatéral
équilibre
équinoxe
équinoxial
équité
équivalent
équivoque
héraldique
éraflure
érafler
érailler
Héraclius
Éraste
Érasme
herbacé
herbe
ergot
Ernest
Herbert
Hervé
Hercule
Hermann
Ermengarde
Hermine
Herminie

Ermelinde
ergoteur
ergotisme
ergoter
ermitage
ermite
herpétologie
hermétiquement
Hermione
héréditaire
hérédité
éritage
héritier
érémétique
hérésiarque
hérésie
hérétique
éricacé
hérisson
ériger
héroïque
héros
héroïsme
héroïne
érosion
érodé
Hérode
héron
éructation
éructer
érudition
érudit
érugineux
hésiter
hésitation
Hespérie
Espagne
hétéroclite
étésien
hétérodoxe

Mots commençant par **i**, *par* **y**, *par* **hi** *et par* **hy**.

iatrique
hiatus
yatagan
hyacinthe
hibernant
hibou
hybride
ibis
Ibérie
hic
ictérique
ictère
Ida
hydraulique
hideux
idéal
idée
identité
identique
identifier
hydrotique
hydrogène
idiome
hydromel
hydrophobe
hydrophobie
hydropique
hydropisie
idiot
idiotisme
idolâtre
idolâtrie
idole
Yédo
hyène
hiérarchie
Yémen
hièble
hyémal
yeuse
hiéroglyphe
hyétomètre

hygiène
igname
ignare
igné
ignition
hygromètre
ignobilité
ignoble
ignominieux
ignominie
hilarant
hilarité
Hilaire
Hilarien
Hilarion
Hilairie
Ildefonse
Hildebrand
Hildegarde
Hildegonde
iliade
Ilion
himantopode
Himmalaya
Yonne
hyoïde
iode
York

Yolaine
Yolande
Yon
Hippolyte
hippodrôme
hypocondre
hypocondria-
ipécacuanha [que
hyperbole
hippiatrique
hypocrite
hypocrisie
hippopotame
hypoténuse
hypothéquer
hypothèque
hypothèse
hirondelle
Irlande
Irma
Irmine
hysope
isolé
isolement
isoler
hispide
Isère
Isaac

Isaïe
Isambert
Isidore
Isabeau
Isabelle
Isaure
Isidora
hisser
Issoudun
historique
histoire
historien
Issingeaux
Issoire
Ispahan
histrion
Islande
hiverner
hiver
ivoire
ivraie
Yvetot
Ivan
Yvon
ivresse
ivre
ivrognerie
ivrogne

Mots commençant par **o**, *par* **ho** *et par* **au**.

obéir
obéissant
obéissance
hobereau
aubade
aube
aubaine
obélisque
obéré
obèse
obésité
aubergine
aubergiste
auberge
Obéron
obit
aubier
objecter
objection
objurgation
Aubert
aubin
oblation
obligatoire
obliger
obligation
Aubusson
obligeance
obligeant

obliquité
oblique
obscurité
obscur
obscurcir
obséder
obsession
obsèques
obséquiosité
obséquieux
obstruer
obstruction
obtempérer
obtus
obvier
audacieux
audace
audience
audiencier
Odéon
audition
auditif
auditoire
auditeur
odorant
odeur
hodomètre
odieux
Audovère

Odilon
odontalgie
Ogier
Auger
Auguste
auge
ogival
ogive
augmenter
augmentation
ogre
augurer
augure
Olga
holocauste
Olinde
Olympe
Olympia
olympiade
Olympie
olive
Olivia
olivier
olfactif
Hollande
Hollandais
Oléron
holothurie
Olonne

oléagineux
oléracé
oligarchie
holographe
aumailles
hommage
omasum
homard
homélie
oméga
omettre
omission
homéomère
homicide
omnibus
omnivore
aumône
aumônier
homophage
homogénéité
homogène
omoplate
omelette
homologation
homologuer
homonyme
auner
aunage
aune
onagre

honnêteté
honnête
honorable
honorer
honneur
honoraire
honorifique
onéreux
onérer
Honorat
Honorius
Honoré
Onésime
Honora
Honorée
Honorine
Horace
Oronce
oracle
orage
orageux
oraison
horaire
oral
aurantiacé
oranger
orange
oratoire
orateur
auréole

Aurèle
Aurélien
aurore
Aurélia
Aurélie
horizon
auriculaire
oreille
orienter
orient
orifice
aurifère
oriflamme
originalité
original
origine
originel
originaire
oripeau
Aurillac
horde
ordinaire
horloge
horloger
horlogerie
ordination
ordonner
ordre
ordonnancer
ordonnance

horrible
horreur
orfévrerie
orfévre
organe
organisation
organiser
organisme
organiste
orgue
horticulteur
horticulture
orgueilleux
orgueil
ormeau
orme
orner
ornement
orpailleur
orphelin
orphéon
orthodoxe
orthographe
ortie
ortolan
orvet
Hortense
Orphée
ornière
Orne

Orléans
ornithologie
aurore
horoscope
orographie
hospitalier
hospitalité
ostracisme
Australie
austral
Ostrogot
ausculter
auscultation
Oscar
Osman
Osmond
hostie
hostile
hostilité
ostentateur
ostentation
ostensible
ostensoir
hospodar
ostéocope
ostéologie
austère
austérité
Ostende
Austerlitz

authentiquer
authentique
hôtelier
hôtellerie
otage
autocrate
autocratie
autographe
otalgie
automate
automnal
automne
Othon
Othilde
Autriche
autruche
Autun
Otrante
Ottoman
Ottomane
autoriser
autorisation
autorité
autrui
auvent
Auvergne
ovale
ovoïde
ovide
ovipare

oxigène
oxide
auxiliaire
Auxerre
Oxford
Auxonne

Mots commençant par **u** *et mots commençant par* **hu**.

Hubert
Ubald
ubiquité
hûche
huer
ukase
huguenot
huguenote
Hugo
Hugues
Udalric
Udolphe
Ulric
huileux
huile
huisserie
huissier
huitaine
huître
ulcération
ulcère
ulcéreux
ulcéré
hulotte
huette
uléma
huligineux

ultérieur
ultime
ultimatum
ultra
ultramontain
ultramontanis-[me
humain
humanité
unanimité
unanime
humecter
humide
humer
humérus
uniforme
uniformité
humiliant
humilier
unique
humilité
humus
unisson
hunier
hune
upas
huppe
huppé

hure
uranographie
Uranus
urbanité
Urbain
hurler
hurlement
Uriel
urcéolé
urgence
urgent
hussard
Ursule
urtication
hutte
ustensile
usuel
usufruitier
usufruit
usurier
usure
usurpateur
usurper
usurpation
utinet
utopie

Mots commençant par **am** *et mots commençant par* **em.**

ambassadeur
ambassade
emballeur
emballer
embarcadère
embarquer
embarquement
ambiant
ambidextre
embarrassant
embarrasser
embarras
embaumer
embaumement
ambiguïté
ambigu
ambitieux
ambition
ambitionner
embellir
embellissement
amble
emblée
emblématique
emblême
ambre
embonpoint
emboucher
embouchure
ambroisie
embranchement
ambulance
ambulant
embrasement
embraser
embrasure
embrouiller
embrouillement
embûche
embuscade
amphibie
emphatique
emphase
emphysémateux
emphysème
amphibologie
amphigouri
emphytéose
amphithéâtre
amphitryon
amphore
empêcher
empêchement
empeigne
empeser
empois
empansement
empailler
empaler
empalement
empan
ampleur
ample
ampliation
amplifier
amplification
empierrer
empierrement
empiétement
ampoule
ampoulé
empiler
empire
empereur
empirer
empirique
empirisme
emplacement
emplâtre
emplette
empoigner
empoisonner
empoisonnement
emportement
empreinte
amputer

amputation	**em**prunt	**em**pyreumati-
empressement	**em**pyème	que
emprunter	**em**pirée	**em**pyreume

Mots commençant par **an** *et mots commençant par* **en.**

ancêtres	**en**clore	**An**dré
encadrer	**en**clos	**An**dronic
encadrement	**en**clouer	**An**drée
anchois	**en**clume	**An**drienne
encaissement	**en**coignure	**An**dromaque
encaisser	**an**colie	**An**dromède
encan	**en**colure	**en**duire
enchère	**en**combrer	**en**duit
ankylose	**en**combrement	**en**durcir
encastrement	**en**contre	**en**durer
enchâsser	**en**courager	**An**drinople
enceinte	**en**couragement	**An**delys (les)
encens	**en**courir	**en**fance
encensoir	**en**cyclopédie	**en**fant
encenser	**an**dain	**en**fantillage
encéphale	**en**démique	**en**fer
enchanteur	**en**dêver	**en**fermer
enchanter	**An**dalousie	**en**flure
enchantement	**an**douille	**en**flé
enchevêtré	**en**docarpe	**en**foncer
enchevêtrement	**en**dolori	**en**fouir
enchifrènement	**An**des	**en**fouissement
enclave	**en**dosser	**en**freindre
enclavé	**en**dosseur	**an**fractuosité
enclin	**An**déol	**an**ge

Angel
Angelo
Angèle
Angélina
Angéline
Angélique
angevin
Anjou
Angers
engageant
engager
engagement
engelure
angine
engin
engloutir
engorgement
engorgé
engouement
Angleterre
Anglais
anglican
engrais
engraisser
engrener
angoisse
angora
Angoumois
Angoulême
engourdir
engourdissement
engourdi
anguille
anguleux
angle
angustie
Enguerrand
Angelbert
antagoniste
antagonisme
enjoindre
enjeu
enjoler
enjoué
enjouement
enlever
enlèvement
enluminé
entablement
entailler
entaille
antarctique
entamer
Antarès
entériner
entérinement
antécédent
antédéluvien
entérite
entendement
entendre
antenne
enterrer
enterrement
enthousiasme
antérieur
antériorité
entiché
antichambre
entomologie
anticiper
anticipation
Antibes
Antioche
Antilles (les)
entonner
entonnoir
antidater
antidate
antidote
antienne
entorse
antilope
antimoine
antipode
Anténor
Anthelme
Anthime
Antoine
Antonio

Antony
Antonin
Antigone
Antoinette
Antonia
Antonie
Antonine
entournure
antiquaire
antiquité
antique
entourer
antithèse
entreprendre
entrepreneur
entreprise
entretenir
entretien
enveloppe
envelopper
envergure
envieux
envie
envier
envisager
envoyer
envoi

Mots commençant par **ca** *et mots commençant par* **qua.**

cabaler
cabale
cabaleur
caban
cabane
cabanon
quadrige
cadastre
cabaretier
cabaret
cabas
cabestan
quadrilatère
cadavéreux
cadavre
cadeau
cadenas
quadrille
cadencer
cadence
cadenette
cadet
quadrumane
cadran
cadre
cadrer
caduc
caducité
quadrupède
cabinet
câble
caboche
cabotage
caboteur
cabotin
cabrer (se)
cabri
cabrioler
cabriole
cabriolet
cabas
cacaoyer
cacao
cachalot
cachemire
cacochyme
cacophonie
cagotisme
cagot
cajoler
cajolerie
qualifier
qualité
calamité
calcaire
calcanéum
calfater
calfatage
calfat
calfeutrer

camail
camarade
quarantaine
quarante
camard
camus
camée
caméléon
quarteron
carton
cartonner
cartonnage
cartilage
quartier
cartouche
carloman
casemate
caséine
caséum
caséeux
quasi
casier
case
caser
casuel
caserne
casino
quasimodo
camelotte
camérier
caméra
camériste
Camille
camion
quatrain
cataclysme
camisole
camomille
camouflet
caparaçon
capeline
capilotade
capitaliser
capital
capitaliste
capiteux
capitulation
capituler
caporal
capot
câprier
càpre
captation
capter
captif
captivité
caque
quartaut
quart
caquet
caqueter
carlin
carmin
carminatif
carnage
carnier
carnassière
carpe
cassette
cassine
cassolette
Castille
castine
cataracte
catastrophe
catéchiser
catéchisme

Mots commençant par **sé** *et mots commençant par* **cé**.

Sébastien
Sébald
Sédécias
sébile
cécité
sécrétion
sécréter
séculaire
séculier

sécurité
sécante
sécateur
Cécile
Cécilia
céder
sédatif
cédille
sédentaire
sédiment
cèdre
séditieux
sédition
cédule
séducteur
séduire
séduction
séduisant
célèbre
célébrité
célébrer
sélénique
céler
célère
célérité
céleri
céleste
Célestine
Célie
Célina

Céline
Célinie
Célestin
ségétal
céleste
séide
célibataire
célibat
semestre
cémétérial
sémillant
séminariste
séminaire
cénacle
sénateur
sénat
cénobite
sénéchal
Sénégal
sénevé
cénotaphe
sénile
sépale
cépée
céphalalgie
céphalique
sépia
Céphée
sépulcral
sépulcre

sépulture
séquelle
séquence
séquestrer
céramique
séraphin
cérat
sérénade
céréale
sérénité
série
cérébral
Céran
sérieux
cérémonie
cérémonieux
cérumen
céruse
sérosité
Césaire
César
Césarine
césure
cétacé
séton
sévère
sévérité
sévices
sévir
Cévennes (les)

Mots commençant par **ser** *et mots commençant par* **ce**

serfouette
serfouetter
serfouir
cerfeuil
cercle
cerceau
cercler
serge
cercueil
sergent
cerne
cerner
cerneau
serment
sermon
sermonner
certificat
certifier
certain
certitude
serpent
serpentaire
serpenter
serpentin
serpe
serpilière
serpolet
Cerdagne
serviable
service
servante
serviteur
serviette
servilité
servile
Servais
Servan

Mots commençant par **f** *et mots commençant par* **ph.**

fable
fabuleux
fabuliste
fabricant
fabrique
fabriquer
fabrication
phaéton
facétieux
facétie
phagédénique
phagédène
phalange
falaise
fâcher
fâcheux
facies
phalanstère
facilité
facile
faciliter
phalène
factice
factieux
faction
facture
facultatif
faculté
fadaise
fadeur
fade
phare
fanal
faillibilité
faillible
faillir
failli
faillite
Phanor
Fanny
farceur
farce

farcir
farcin
Pharamond
Pharaon
fardeau
farder
fard
pharmaceutique
pharmacien
pharmacie
farfouiller
faribole
farineux
farine
pharyngien
pharynx
farouche
phase
fastueux
faste
fastidieux
fatalité
fatal
fatalisme
fataliste
fatidique
fatigant
fatiguer
fatigue
fatuité

fat
Fatime
fébribuge
fébrile
Phébé
fécondité
fécond
féconder
fécondation
fécule
Fédor
Fédora
fédération
fédéral
fédératif
féerie
féerique
phénix
félicité
féliciter
félicitation
phénoménal
phénomène
félin
félir
fémoral
fémur
féodal
féodalité
février

Féréol
Philadelphe
Philarète
Philéas
Philémon
Philibert
Philippe
Fidès
Philiberte
Philippine
fiacre
fiasque
fibre
fibreux
ficher
fiche
philanthropie
philanthrope
fictif
fiction
Philomèle
filigrane
filament
filamenteux
filandreux
filandre
philosophe
philosophie
filial
filiation

filleul
filleule
filon
filoselle
filtre
filtrer
filtration
fifre
figer (se)
figuier
figuline
fioriture
firmament
firman
fiscal
fisc
fistule
flâcheux
flâche
phlébotome
flébile
fléau
Phlégéthon
flegmatique
flegme
flegmon
phlogistique
flexueux
flexion
flexibilité
flexible
fléchir
flibuste
flibustier
phlogosé
phlogose
flie
flocon
floraison
Florence
florin
florissant
flosculeux
fleuron
flottable
flotter
flottille
flotte
Flavie
Flavienne
Flore
Florence
Florentine
Florestine
Floride
Florine
Florentin
Florent
Florestan
Flavien
Florian
Florimond
Flour
fluctuation
fluctueux
fluidité
fluide
fluet
fluvial
fleuve
flux
fluxion
phrase
frasil
frasin
frac
fraction
fractionner
fracturer
fracture
fragment
fragon
fraterniser
fraternellement
fraternité
freloche
frelon
freluquet
frémir
frénétique

frénésie
fréquenter
fréquentation
fresque
frétiller
phrénologie
friabilité
friable
fricasser
frictionner
friction
friche
frileux
fringant
friper
fripier
friperie
friponnerie
fripon
friponner
frissonner
frisson
froisser

frôler
frondeur
fronder
fructueux
fructifier
fruit
frugalité
frugal
frustrer
fugitif
fuir
fucus
fulminant
fulminer
fumiger
fumigation
fumée
funéraire
funérailles
funambule
fureter
furet
furfuracé

furibond
fureur
phthisique
phthisie
furoncle
furtif
fusain
fuselé
fuseau
fusibilité
fusible
fusion
fustigation
fustiger
physicien
physique
physiologie
physionomie
futilité
futile
futur
phytophage

Mots commençant par **cons** *et mots commençant par* **conc**.

concéder
concession
consécration
concentration
concentrer

conception
concevoir
consécutif
concerner
concert

concerter (se)
consentir
consentement
conséquence
conséquent

concetti
concierge
considérable
considération
considérer
concile
concilier
conciliation
conciliant
consigner
consignation
concision
concis
consistance
consistant
consistoire
concitoyen

Mots commençant par **c** *et mots commençant par* **ch**.

chalcographie
chalcographe
calquer
calque
Chaldéen
Chaldée
Caldéron
calybe
Chanaan
caryophyllées
Charybde
chlamyde
clameur
Chloé
Chloris
Clodion
Clodoald
Cléomène
Cléophas
Clélie
Cléopâtre
Clotaire
Clovis
Clotilde
choléra
colère
chorégraphie
chorée
Corée
choriste
chœur
Cora
Coralie
Corinne
Corisandre
choroïde
crétin
crétinisme
chrétienté
chrétien
christianisme
Christ
cristal
Christian
Christophe
Christine
crispation
chromatique
crotale
chrôme
Chrysostôme
chrysalide
cryptogame
chronologie
chronique
chronomètre

Mots commençant par **ass**, *par* **asc** *et par* **ac**.

ascendant
ascension
ascensionnel
assemblée
assembler
assemblage

assentir
assentiment
acéphale
asséner
acérer
assermenter
asservissement
asservir
acerbité
acerbe
acétique
assesseur
ascète
ascétisme
ascétique
assiduité
assidu
acidulé
acide
acidité
assiéger
assiettée
assiette
assigner
assignat
assignation
acier
assimilation
assimiler
assister
assistance
assistant

Mots commençant par **can** *et mots commençant par* **quan.**

cancaner
cancan
cancellation
canceller
cancéreux
cancer
cancre
candélabre
candeur
candide
candidature
candidat
Cantal
cantate
cantatrice
cantharide
canthus
cantilène
cantique
quantité
cantinière
cantine
quantième
canton
cantonal
cantonner
cantonnement
cantonnier

Mots commençant par **dan** *et mots commençant par* **den.**

dandiner
dandin
dandy
dangereux
danger
dendroïde
denrée
danseur
danser
danse
densité
dense
Dantzick
dentiste
denté

dentelé	**den**tifrice	**den**ture
dentelle	**den**tition	**den**tal

Mots commençant par **fan** *et mots commençant par* **fen.**

fanfare	**fen**dant	**fan**tassin
fanfaronnade	**Fan**chon	**fan**tasmagorie
fanfaron	**fan**geux	**fan**tôme
fanfreluche	**fan**ge	**Fan**tine
fente	**fan**tasque	**fen**ton
fendre	**fan**taisie	ou
fendillé	**fan**tastique	**fan**ton

Mots commençant par **lan** *et mots commençant par* **len.**

lendemain	**lan**cinant	**lan**gage
landau	**Lan**celot	**lan**gue
lande	**Lan**dolphe	**lan**ges
landgrave	**Lan**dulphe	**lan**goureux
landier	**Lan**dry	**lan**gueur
lendore	**len**ticulaire	**lan**guir
lenteur	**len**tille	**Lan**gon
lancier	**len**te	**Lan**gres
lance	**lan**terne	**Lan**guedoc
lancéolé	**lan**terner	**lan**gouste
lancer	**lan**ternier	**lan**gueyer
lancette	**len**tisque	

Mots commençant par **man** *et mots commençant par* **men.**

mancenillier	**man**chon	**men**dier
manche	**man**chot	**man**darin
mancheron	**men**dicité	**man**dant
manchette	**men**diant	**man**dat

mandataire
mandater
mander
mandement
mandibule
mandoline
mandore
Mende
mandragore
mandrin
manducable
Mandé
Manfred
mensole
manganèse
manger
mangeoire
manguier
mangue
mangonneau
mangoustan
mangouste
mangonnier
manquer
mansarde
mensonger
mensonge
mansuétude
mensuel
mental
mentir
menteur
menterie
manteau
mantelet
mantille
mante
menthe
mentionner
mention
Mantoue
menton
mentonnet

Mots commençant par **pan** *et mots commençant par* **pen.**

pancarte
pancalier
penchant
pencher
pancréatique
pancréas
Pandore
Pandolphe
pendre
pendaison
pendule
pendeloque
pendant
panlexique
pansement
panser
penser
pensée
penseur
pensif
pensionnaire
pension
pensionnat
pensionné
pantalon
pantalonnade
pantelant
Pentecôte
pente
panthère
pantin
penture
pantomime
pantoufle

Mots commençant par **ran** *et mots commençant par* **ren.**

rancidité	**ran**cher	**ran**çonner
rance	**ren**contre	**ran**donnée
rancir	**ren**contrer	**ren**dre
renchérir	**ran**cunier	**ran**gée
renchérissement	**ran**cune	**ran**ger
	rançon	

Mots commençant par **cen** *et mots commençant par* **san.**

cendré	**san**gloter	**san**tal
cendre	**san**glot	**sen**tence
cendrée	**cen**seur	**sen**tencieux
cendrier	**cen**surer	**cen**tre
sandale	**cen**sure	**cen**tral
sandaraque	**San**cerre	**cen**traliser
sanctifier	**sen**sibilité	**cen**tralisation
sanctification	**sen**sible	**cen**trifuge
sanctionner	**sen**sation	**cen**tripète
sanction	**sen**sitive	**san**ton
sanctuaire	**cen**taine	**San**tiago
sanglant	**cen**t	**sen**tier
sang	**cen**tenaire	**sen**timent
sangsue	**cen**tenier	**sen**timental
sanguin	**cen**turion	**sen**tir
sanguinaire	**cen**tième	**sen**tine
sangle	**cen**tupler	**sen**tinelle
sangler	**cen**tuple	**cen**taurée
sanglier	**san**té	

Mots commençant par **tan** *et mots commençant par* **ten.**

tancer	**tan**che	**ten**dance

tendineux
tendon
tendre
tendresse
tension
tangage
tanguer
Tanger
tangente
tantaliser
Tantale
Tende
tentacule
tentative
tenter
tentation
tentant'
tentateur

Mots commençant par **van** *et mots commençant par* **ven.**

vendange
vendanger
vendangeur
vandalisme
Vandales
Vendée
vandoise
Vendôme
vendeur
vendre
vente
vendredi
vanter
vantard
vanterie
ventiler
ventilation
vantail
ventouse
Venceslas
ventre
ventricule
ventriloquie
ventriloque
ventru

Mots commençant par **fac** *et mots commençant par* **fasc.**

façade
face
facette
facétie
facétieux
fascicule
facile
facilité
faciliter
facilement
fascine
fasciner
fascination
façonner
façon

Mots commençant par **lac**, *par* **lass**, *par* **mac**, *par* **mass**, *par* **nac,** *par* **nass**, *par* **pac**, *par* **pass**, *par* **rac**, *par* **rass**, *par* **sac**, *par* **sass**, *par* **tac**, *par* **tass**, *par* **vac** *et par* **vass**.

lacération
lacérer
lasser
lassitude
lacer
lacet

Macédoine
massacrer
massacre
macérer
macération
masse
massepain
masser
massif
nacelle
nasse
Nassau
pacifique
pacificateur
pacifier
pacification
passable
passage
passer
passager
passant
passé
passereau
passerelle
passibilité
passible
passivité
passif
passion
passionner
rassasier
rassembler
rassemblement
racine
rassis
race
sacerdotal
sacerdoce
sassafras
sasser
tacite
taciturnité
taciturne
tasseau
tassement
tasser
vacillation
vaciller
vasselage
vassal

Mots commençant par **fic**, *par* **fiss**, *par* **lic**, *par* **liss**, *par* **misc**, *par* **miss**, *par* **vic** *et par* **viss**.

ficeler
ficelle
fissipède
fissure
licence
licencieux
licencier
licenciement
lisser
lisse
licitation
licite
miscibilité
miscible
mission
missionnaire
missive
Mississipi
Missouri
vicieux
vice
vicier
visser
Vicence
vicinal
vicissitude

Mots commençant par **bo**, *par* **bau** *et par* **beau**.

boa	**bau**druche	**Beau**pré
bobêche	**bo**gue	**Beau**préau
bobine	**Bau**gé	**bo**niment
beaucoup	**Beau**jolais	**bo**réal
bocage	**bo**lide	**Bau**tzen (Saxe).
bocal	**Bo**livie	**Bo**tzen (Tyrol).
bocard	**bau**me	**bo**tanique
Beaucaire	**Bo**niface	**beau**té
bauge	**Beau**ne	**Bo**tnie
baudet	**Bô**ne	**bo**ttine
baudrier	**bo**ni	**bo**tte
Baudouin	**bo**nification	**bo**tteler
Baudry	**bo**nifier	**Beau**vais

Mots commençant par **co**, *par* **cau** *et par* **quo**.

Caucase	**co**dicile	**cau**ser
cocagne	**co**gitation	**cau**se
cocon	**co**gnac	**Co**saque
cocarde	**co**gnassier	**co**te
cocasse	**co**gnée	**quo**tité
cochon	**co**gner	**quo**te-part
cauchemar	**quo**libet	**co**tiser (se)
coco	**Co**lin	**cau**teleux
cocotier	**cau**sticité	**co**terie
cocyte	**cau**stique	**quo**tidien
cocher	**co**smétique	**cau**tère
cochenille	**co**smopolite	**cau**tériser
caudataire	**co**stal	**cau**térisation
codex	**co**stume	**co**tonnier

coton
cotonnade
cotonneux
cotonné
cotret
cotoyer
cothurne
cotillon
quotient
cautionner
caution
cautionnement

Mots commençant par **cho** *et mots commençant par* **chau.**

chocolat
chaudière
chaudron
chaudronnier
chauffage
chauffer
chaufferette
chaufournier
chaux
Chollet
chauler
chaumage
chaumer
chaume
chaumier
chaumière
chômage
chômer
Chaumont
chopine
chaussée
chaussure
chausson
chaussette
choquer
chauve
chauve-souris

Mots commençant par **do** *et mots commençant par* **dau.**

daube
dauber
docilité
docile
docte
doctorat
docteur
doctrine
document
Dauphiné
dauphin
dodiner (se)
dodu
dogat
doge
dogmatique
dogme
dogmatiste
dogmatiser
dogue
doléance
dolent
dolman
doloire
domaine
domestique
domicile
dominant
dominer
domination
domino
dommage
donation
donateur
donataire
donner
donnée
dorade
Dorothée

Dosithée
doser

dose
dossier

doter
dotation

Mots commençant par **fo**, *par* **fau** *et par* **pho.**

faubourg
fauchaison
faucher
faucheur
faucheux
focal
foyer
phoque
faucille
fossile
fosse
fossoyeur
fossé
fossette
Phocéen
Phocide
Phocion

faussaire
faux
fausset
fausseté
phosphore
phosphorescence
phosphorescent
Faust
Faustin
Faustinien
Fauste
Faustine
Fausta
fauconnier
fauconnerie
faucon

faufiler
folâtre
folâtrer
folie
foliation
folio
foliole
follicule
fomenter
phonique
faune
fautif
faute
fauteuil
photographie
fauve
fauvette

Mots commençant par **go** *et mots commençant par* **gau.**

gobelet
gober
goberge
gobeter
gobetis
gobille
gauche

gaucher
gauchir
godailler
godinot
godet
godiche
godiveau

gauder
gaude
gaudir (se)
gausser (se)
goffe
gaufre
gaufrer

gaufrure
gaufrage
goliard
Gaule
gauler
golfe
Gaultier
gothique
gausape
gosier

Mots commençant par **jo**, *par* **jau** *et par* **geo**.

joaillerie
joaillier
joyau
Joab
Johannite
Job
jobard
jobelin
jockey
jocrisse
jodelet
jauger
jauge
jaugeage
geôlier
geôle
jaunâtre
jaune
jaunir
jaunisse
John
Jonas
Jonathan
Jonathas
Jocelyn
Joël
José
Joseph
Joséphin
Josias
Josué
Geoffroy
Georges
jovialité
jovial

Mots commençant par **lo** *et mots commençant par* **lau**.

local
localisation
localiser
localité
locataire
laudanum
locher
locomobile
locomotif
locomotive
laudatif
laudes
locuste
laudier
locution
loge
logement
loger
logique
laurier
lauréat
loriot
Laure
Laura
Laurence
Laurentine
Laurent
Laurentin
Laurien
Lorenzo

Lorient
Lorraine
Lozère
Lauzanne
losange
loquacité
loquace
loque
loqueteux
loquet
loterie
lot
Lothaire
loto
lotion
lotionner

Mots commençant par **mo** *et mots commençant par* **mau.**

mobilité
mobile
mobilier
mobilisation
mobiliser
maudire
modalité
mode
modèle
modeler
modération
moderne
modestie
modicité
modique
modifier
modification
modulation
moduler
module
maugréer
molaire
môle
molécule
Mauléon
molester
molette
mollet
mollesse
mollir
mollusque
molybdène
moment
momentané
momerie
momie
moquer (se)
moquerie
moqueur
Maurice
morailles
moraillon
Mauresque
Maure
Mauritanie
moraine
Mauriac
moral
morale
moralité
moraliser
moralisation
moraliste
morigéner
morateur
moribond
morille
morion
morosité
morose
morue
mausolée
mosaïque
mosette
maussaderie
maussade

mauvais
mauve
mauviette
motacille
motet
motif
motiver
motion

Mots commençant par **no** *et mots commençant par* **nau.**

noblesse
noble
nocuité
nodosité
nodus
naufrage
naufrager
nolage
nolis
nauséabonde
nausée
nautique
nautonnier
nomade
nota
notabilité
notable
notarié
notaire
notariat
notarial
note
noter
notice
notifier
notification
notion
notoire
notoriété
novateur
novembre
noviciat
novice

Mots commençant par **po** *et mots commençant par* **pau.**

poche
paucité
pocurantisme
pocurante
podestat
polaire
polarisation
polémique
polenta
paulette
police
policer
polir
politesse
polisson
politique
politiquer
Paul
Paulin
Pauline
Pologne
Polonais
pomifère
pommier
pomme
pomacé
pommade
pommette
Pomone
paume
paumure
pope
popeline
paupérisme
paupière
population

populace
populeux
populaire
porracé
porosité
poreux
pore
porrigo
pause
pauser
pose
poser

position
positif
posséder
possession
possesseur
possédé
possibilité
possible
pauvreté
pauvre
potable
potage

potager
potassium
potasse
poteau
potelé
potence
potentat
potier
poterie
poterne
potion
potiron

Mots commençant par **so** *et mots commençant par* **sau**.

sobriété
sobriquet
sociabilité
sociable
société
social
socialiste
socialisme
saucer
sauce
saucière
saucisse
saucisson
socle
socque
sauge

saugrenu
sofa
Sophie
Solange
solaire
solané
saule
solécisme
solennel
solennité
solenniser
solidarité
solidaire
solidité
solide
soliloque

solitude
solitaire
soliveau
solive
solliciter
sollicitude
solo
solubilité
soluble
saumâtre
saumure
Saumur
sommaire
saumon
sommation
sommer

sommeil	**so**porifère	**so**ttise
sommeiller	**so**porifique	**sau**vage
sommier	**sau**poudrer	**sau**vageon
somme	**so**phiste	**sau**vagine
sommet	**so**phisme	**sau**vegarder
sommelier	**so**phistiquer	**sau**vegarde
sommité	**sau**rien	**sau**ver
saupiquet	**sau**ter	**sau**veur
soporatif	**sau**tiller	

Mots commençant par **to** *et mots commençant par* **tau.**

taudis	**tau**pinière	**to**rride
tolérer	**tau**pe	**to**rréfier
tolérable	**to**paze	**to**rréfaction
tolérance	**to**pinambour	**to**ruleux
tomate	**to**pique	**to**tologie
tonique	**to**pographie	**to**taliser
tonnelier	**tau**reau	**to**tal
tonneau	**tau**re	**to**talité
tonne	**tau**réador	**to**xique
tonnelle	**to**ron	
tonnerre	**to**rrent	

Mots commençant par **vo** *et mots commençant par* **vau.**

Vaucluse	**vau**deville	**vo**latilité
vocabulaire	**vo**gue	**vo**latil
vocal	**vo**guer	**vo**latilisation
vocation	**Vau**girard	**vo**latiliser
vociférer	**vo**lage	**vo**laille
vocifération	**vo**latile	**vo**ler

voleter
volet
volière
volige
voleur
volonté
volontaire
volontiers
volubilité
volubile
volubilis
volume
volumineux
volute
vomitif
vomissement
vomir
voracité
vorace
vaurien
votant
voter
voté
votif
vautour
vautrer (se)

Mots commençant par **di** *et mots commençant par* **dy**.

diabolique
diable
diablerie
diablotin
diacre
diaconat
diadème
diagnostic
diagonale
dialecte
dialectique
dialogue
diamant
diamètre
Diane
diapason
diaphane
diaphragme
diapré
diarrhée
diastole
diatribe
dicacité
didactique
dièdre
dièse
diésis
diète
diététique
diffamer
diffamation
diffamant
diffamateur
différer
différent
différencier
différence
différend
difficulté
difficile
difficultueux
difformité
difforme
diffus
diffusion
digérer
digestion
digestif
digitale
digitigrade
digne
dignité
dignitaire
digression
digne
dilacération
dilacérer

dilapider
dilapidation
dilatabilité
dilatation
dilater
dilettante
diligence
diligent
dimanche
dîmer
dîme
dimension
diminuer
diminution
dynastie
dîner
dynamique
diplomate
diplomatie
diplôme
dyscinésie
dysécie
dysopie
dysosmie
dyspepsie
dysphagie
dysphonie
dyspnée
dyssenterie
dipsétique
diptère
dirimant
discontinuer
discontinuation
disconvenir
discordance
discordant
discorde
discourir
discours
discréditer
discrédit
discrétion
disculper (se)
discussion
discuter
disgracier
disgracieux
disjonction
disjoindre
dislocation
disloquer
disparate
disparité
disparaître
disparition
dispendieux
dispensaire
dispenser
dispense
dispersion
disperser
disponibilité
disponible
disposer
dispos
disposition
disproportion
dispute
disputer
disque
distance
distant
distendre
distension
distiller
distillerie
distillateur
distillation
distinct
distinctif
distinction
distinguer
distique
distraction
distraire
distrait
distribuer
distribution
district

divaguer
divagation
divergence
divers
diversifier
diversion
diversité
divertir
divertissement
divisibilité
divisible
diviser
division
divorcer
divorce
divulgation
divulguer

Mots commençant par **gi** *et mots commençant par* **gy**.

gibecière
gibier
giboyeux
gibelet
gibelotte
giberne
gibet
giboulée
gigantesque
gigot
gilet
Gilles
Gilbert
Gilberte
gymnastique
gymnase
girafe
girandole
giraumont
gypaète
giroflier
girofle
giroflée
gypse
giron
girouette
gyrin
gyratoire
gîte
givre

Mots commençant par **li** *et mots commençant par* **ly**.

libelle
libeller
libellule
liber
libéralité
libéralisme
libérateur
libération
libérer
libre
liberté
libertin
libertinage
librairie
libraire
lycanthropie
lycanthrope
ligament
ligaturer
ligature
lycée
lycoperdon
lignage
ligneul
ligneux
lignivore
lignite
lignuode
liguer (se)
ligue

ligueur
lygée
ligulé
lilas
limaçon
limas
limace
limaille
lime
limer
Lydie
limier
limitrophe
limite
limon
limonier
limonière
limonadier
limonade
Limoges
Limousin
linéaire
ligne
linéament
liniment
linition
linon
linotte
lippu
lippe
liquéfaction
liquéfier
liquide
liquider
liquidation
liquoreux
liqueur
liquoriste
lisière
literie
litanies
liteau
litige
litigieux
litote
litre
littérature
littéraire
littéral
littérateur
littoral
littorelle
liturgie
liturgique
lividité
livide
lyrique
lyrisme
livrer
livraison
livrée
livret
livre

Mots commençant par **mi** *et mots commençant par* **my**.

miasme
miaulement
miauler
myosotis
mioche
mion
myopie
myopisme
myope
myodinie
mica
miche
microscopique
microscope
mycétologie
mycétophile
midi
mignon
migraine
mygale
migration

migrateur
mijaurée
mimologue
mimologie
mime
mimique
mimer
mimeux
minable
minaret
minaudier
minauderie
minauder
mine
minéralogie
minéral
minerai
mineur
minière
minorité
miniaturiste
miniature
minime
minimum
minorité
ministère
ministre
ministériel
minoratif
minotaure
minuscule
minuter
minute
minutieux
minutie
myriamètre
miraculeux
miracle
mirer
miroir
miroitant
myrmécoléon
misaine
misanthrope
misanthropie
misérable
misère
miséricordieux
miséricorde
mystère
mystérieux
mystificateur
mystification
mystifier
mysticisme
mystique
mysticité
mistigri
mistral
mythologique
mythologie
mythe
mitaine
miton
mite
mitigatif
mitiger
mitigation
mitonner
mitoyenneté
mitoyen
mitraille
mitrailler
mitraillade
mitre
mitron
mixtionner
mixtion
mixte
mixture

Mots commençant par **ni** *et mots commençant par* **ny**.

niche
nicher
Nicodème

Nicandre
Nicanor
Nicéphore
Nicias
Nicolas
Nicomède
Nicostrate
Nicette
Nicole
Nina
Ninon

nicotiane
nicotine
nictation
nicter
nyctalopie
nyctalope
nyctérien
Nice
nidoreux
nigaud
nigauder

nigauderie
nille
nipper
nippe
Nîmes
nitre
nitrique
niveler
nivellement
niveau

Mots commençant par **pi** *et mots commençant par* **py**.

pigeonnier
pigeon
pygmée
pigment
pylore
pile
piler
pilon
pilier
pilastre
pilorier
pilori
piller
pillage
pilotage
pilotis

pilote
pilule
pinacle
piper
pipeau
pipée
piraterie
pirate
pyrale
pyramidal
pyramide
piriforme
pirogue
pirouetter
pyrétologie
pyrétique

pyromaque
pyroscaphe
pyrotechnie
pythonisse
piteux
pitié
pitoyable
piton
pittoresque
pituite
pituiteux
pivert
pivoine
pivot
pivoter
pivotant

Mots commençant par **ci**, *par* **cy**, *par* **si** *et par* **sy**.

cybistique
Cybelle
Sibérie
sibylle
sybarisme
sybarite
cible
ciboire
ciboule
sycomore
sycophante
sicaire
cyclamen
cycle
Cyclope
cicatrice
cicatrisation
cicatriser
cicérone
siccatif
siccité
Sicile
sidonite
cidre
sidéral
sidérotechnie
sidérurgie
Sidoine
Sidonie
cigale
cigare
cigogne
ciguë
cygne
signe
signal
signaler
signalement
signataire
signer
signature
signifier
signification
significatif
Sigebert
Sigismond
cilice
silice
siliceux
silex
cillement
ciller
sillage
siller
Sylla
syllabaire
syllabe
cylindrique
cylindre
silence
silencieux
silhouette
sillet
silique
sillon
sillonner
syllogisme
silo
Silvain
Silvio
silvanie
silvic
sylvatique
sylviculteur
sylviculture
sylphe
sylphide
cymaise
simagrée
simarre
symétrique
symétrie
similaire
similarité
similitude
similor
simoniaque

simonie
Symmaque
Siméon
Simon
Simonne
simoun
simulacre
simuler
simultanéité
simultané
ciment
cimenter
cimeterre
cimetière
cimétérial
cimier
cime
cimifuge
sinipiser
sinapisme
sinapi
synagogue
cinabre
cinéfaction
cinération
cinérer
cinéraire
cinethmique
cinématique
cynégétique

sinécuriste
sinécure
cynique
cynisme
sinistre
synode
sinologue
synonymie
synonyme
sinué
sinuolé
sinueux
sinus
synoptique
synovie
cypéracée
cyprès
Cyprien
cippe
cirage
cirer
circonférence
circonlocution
circonscrire
circonscription
circonspect
circonspection
circonstance
circonstancier
circonvenir

circonvoisin
circonvolution
circuit
circulaire
circulation
circuler
circumduction
Syriaque
sirène
Cyrène
Cyrille
Cyrus
sirupeux
sirop
ciron
Syracuse
siroc
siroco
cirrhes
cirque
cisailler
cisailles
ciseaux
ciselet
ciseleur
ciseler
ciselure
systématique
système
systole

syzygie
citadelle
citadin
cité
cytise
site
situation
situé
citation
citer
citérieur
citerne
citoyen
citronnier
citron
citrouille
cive
civette
civet
civière
civil
civiliser
civilisation
civilité
civique
civisme

Mots commençant par **ti** *et mots commençant par* **ty.**

tibia
Tiburce
tige
tigre
tigré
type
typographie
typographe
tillac
tilleul
timante
Timoléon
timon
Timothée
timidité
timide
timoré
Tiphaine
typhoïde
typhon
typhus
tiqueté
tique
tyrannie
tyran
tyrannique
tyranniser
tirade
tirage
tirer
tirailler
tiraillement
tirant
tirelire
tiroir
Tyrol
Tyrolien
tirtoir
tisard
tiser
tisage
tiseur
tison
tisonner
tisserand
tisser
tisseur
tissu
tissage
titre
titulaire
titubation
tituber

Mots commençant par **r** *et mots commençant par* **rh**.

rabâchage
rabâcher
rabâcheur
rabais
rhabdophore
rhabiller
rhabillage
rabat
rabbiniste
rabbinisme
rabbin
rable
roable
raboter
rabot
raboteux
rabougri
rabette
rabique
rabrouer
racaille
râcheux
rachitis
rachitique
rachitisme
rachis
rachialgie
râcler
râcle

râcloire
râclure
râclée
raconter
radeau
rade
rader
radoire
radiant
radiation
radier
radieux
radical
radication
radicelle
radicule
radis
radins
radoter
radotage
radoterie
radoteur
radouber
radoub
rafle
rafler
rayonner
ragot
ragoût

rhagades
rhagoïde
râler
râlement
ramage
raméal
rameau
ramée
ramifier (se)
ramification
rameux
ramelle
ramure
ramuscule
ramas
ramassis
ramasser
rhamnoïde
ramingue
ramoneur
ramoner
rébellion
rebelle
récalcitrant
récapituler
récapitulation
recéleur
recel
recèlement

recéler
récent
récépissé
réceptacle
réception
recevoir
rêche
récidiver
récidive
réciprocité
réciproque
réclinaison
récliné
réclusion
récoler
récolement
récupérer
récuser
référer
réfraction
réfracter
réfractaire
réfréner
réfrangibilité
réfrangible
réfringent
réfrigérant
réfrigératif
réfuter
régicide
régional
région
régir
régisseur
rémige
réminiscence
rémunératif
rémunérer
rémunération
répartir
répartition
répercutif
répercussion
répercuter
répit
répertoire
réplétion
répliquer
réplique
répréhensible
répréhension
réprobation
réprouver
répudiation
répudier
répugner
répugnance
répulsif
répulsion
réséda
résider
résidence
résilier
résille
résine
résolu
résolutif
résolution
résoudre
réticence
réticulaire
rétiforme
réticule
rétif
rétine
rhétorique
rhétoricien
rhéteur
rétorquer
rétorcation
rétracter
rétractation
rétractilité
rétractile
rétribuer
rétribution
rétroactif
rétroaction
rétroagir
rétrograder

rétrograde
rétrospectif
révéler
réverbère
réverbérer
réverbération
révérence
révérer
révolu
révoquer
révulsif
révulsion
ricaner
ricanement
ricin
ricocher
ricochet
rictus
ridelle
ridicule
ridiculiser
riflard
rigidité
rigide
rigorisme
rigoriste
rigoureux
rigueur

rhinocéros
riposter
rhizagre
rhizophage
rizière
riz
rixe
Rhodes
Rodez
rodomontade
rodomont
rhododendron
rogneux
rogne
rogue
Rhône
rotation
roturier
roture
rhombe
rhomboïde
rubéfaction
rubéfié
rubiacé
rubicond
rubis
rubigineux
rhubarbe

ruche
rudéral
rudération
rudiment
rudir
rugissement
rugir
rugueux
rugosité
rhumatismal
rhumatisme
rhume
rumeur
ruminant
ruminer
rhus
rupestre
ruptilité
ruptile
rural
rusticité
rustique
rustre
rhythme
rutabaga
rutiler
rutilant

Mots commençant par **s** *et mots commençant par* **sc.**

scélératesse
scélérat
sélénite

sceller
sceau
scène
scénite
septembre
septentrional
septentrion
septuagénaire
septuagésime
septième
sceptre
scepticisme
sceptique
sialagogue
Siam
sciatique
science
scientifique
scier
scie
siècle
siége
sieste
scinder
saindoux
scintillation
scintillant
scintiller
sainteté
scion
Sion
siphon
Scipion
scissile
scission
scissure
Scythes
Scythie

Mots commençant par **t** *et mots commençant par* **th.**

talion
thalassomètre
talisman
thalweg
talus
théière
thé
télégraphie
télégraphe
télescope
théâtral
théâtre
Thébaïde
technique
technologie
Thécla
Thècle
théisme
théiste
tégument
témérité
téméraire
témoin
témoignage
témoigner
Thémistocle
thème
Théodebald
Théodore
Théodoric
Théodose
Théodate
Théodule
Théogène
Théophane
Théophile
Théophraste
Théotime
Théodeline
Théodestie
Théodora
Théodorine
Théodosie
théocratie
théologie

théorème
théorie
térébenthine
térébinthe
térétirostre
Thérèse
thérapeutique
terme
terminer
terminaison
thermal
thermomètre
ternir
terne
tercet
tertre
thésauriser
Thésée
thèse
tessin
Thessalie
Thibaud
tibia
tiers
Thierry
Tisbé
Tobie
Thomas
tome
Tony
tonique
thorax
thuya
tuilier
tuile
thym

Mots commençant par **k** *et mots commençant par* **qu**.

quémandeur
quémander
képi
Québec
kermès
quercitrin
quiétude
kilomètre
kilogramme
Kilian
quincaillier
quincaillerie
quinine
quinquina
quintal
quinquet
quinte
quinteux
quintessence
kiosque
quiossage
quiosser
quiosse
quiproquo
kyrielle
quirriter
kyste
quittancer
quittance
quitte
quitter

Mots où il entre le son **ai**, *le son* **ê**, *le son* **ei** *ou le son* **es**

aider
aide
aigle
aiglon
aigreur
aigre
aigrir
aigrette
aigu

aiguière
aiguille
aiguillon
aiguillonner
aiguiser
aileron
aile
aimable
aimer
aimant
aînesse
aîné
airain
aisé
aisance
aisselle
aisseau
b**ai**gner
b**ai**gneur
b**ai**gnoire
b**ai**gnet
b**ê**cher
b**ê**che
b**ê**lement
b**ê**ler
b**ai**sser
b**ê**te
b**ê**tise
d**ai**gner
f**ai**blesse

f**ai**ble
f**ai**blir
f**ai**néanter
f**ai**néant
f**aî**ne
f**ai**san
f**ê**lure
f**ê**lé
f**ai**sceau
f**aî**tage
f**aî**te
f**aî**tière
f**ê**te
f**ê**ter
g**aî**ne
g**aî**té
gu**ê**pier
gu**ê**pe
gu**ê**tre
h**ai**neux
h**ai**ne
h**ai**re
h**ei**duque
h**ê**ler
h**ê**tre
l**aî**che
lèche
l**ai**deur
l**ai**nage
l**ai**ne

l**ai**terie
l**ai**teux
l**ai**teron
l**ai**tier
l**ai**ton
l**ai**tue
Leipsick
m**ai**gre
m**ai**greur
m**ai**grir
m**ê**ler
m**ê**lée
m**es**le
m**es**lier
m**ai**rie
m**ai**re
m**ai**sonnée
m**ai**son
m**ai**sonnette
m**aî**triser
n**ai**ssance
n**ei**ge
p**ai**re
p**ai**rie
p**ai**r
p**ai**sible
p**ei**gne
p**ei**gner
p**ei**ner
p**ei**ne

p**ê**ne
p**aî**tre
p**ê**cher
p**ê**che
p**ê**cheur
r**ai**deur
r**ai**de
r**ai**fort
r**ai**nette
r**ai**ner
r**ai**nure
r**ei**ne
r**ê**ne
r**ê**che
r**ai**ponce
r**ai**sin
r**ai**son

r**ai**sonnable
r**ai**sonner
r**ai**sonnement
r**eî**tre
ou r**ê**tre
r**ê**ver
r**ê**ve
r**ê**verie
s**ai**gner
s**ai**gnée
s**ei**gneurie
s**ei**gneurial
s**ei**gneur
s**ei**che
s**ai**sir
s**ai**sissement
s**ai**sie

s**ai**son
S**ei**ne
s**ei**ze
t**ai**re
t**ei**gne
t**ei**llage
t**ei**ller
t**ei**lleuse
t**ê**te
t**ê**tu
t**ê**tard
v**ai**ron
ou v**é**ron
v**ai**sseau
v**ai**sselle
v**ei**ne
v**ei**né

Mots où il entre le son **im**, *le son* **in**, *le son* **ein** *ou le son* **ain**.

b**im**belotier
b**im**beloterie
d**in**don
d**in**de
d**in**donneau
d**in**trir
fe**in**dre
fe**in**te
ge**in**dre
g**im**blette

g**in**gembre
g**in**glyme
g**in**guer
g**in**seng
l**im**be
l**im**pidité
l**im**pide
l**in**ceul
l**in**ge
l**in**got

l**in**gual
l**in**guiste
l**in**guistique
l**in**teau
ma**in**tenant
ma**in**tenir
ma**in**tien
ma**in**t
m**in**ce
p**im**pant

pi**m**prenelle
pe**in**dre
pe**in**ture
pi**n**tade
pi**n**te
pi**n**ce
pi**n**cer
pi**n**cement
pi**n**cettes
pi**n**gouin
pi**n**son
ri**n**cer
ri**n**gard
te**in**dre
te**in**te
te**in**ture
te**in**turier
ti**n**ctorial
ti**n**tement
ti**n**ter
ti**n**tamarre
ti**m**brer
ti**m**bre

Mots commençant par **cin**, *par* **cein**, *par* **sain**, *par* **sim**, *par* **sin**, *par* **sym** *et par* **syn.**

symbolique
symboliser
symbole
cymbale
saindoux
syndesmologie
syndicat
syndic
ceindre
ceinture
ceinturon
cintre
cintrer
syntaxe
synthèse
cinquantaine
cinquante
simple
simplicité
simplifier
Symphorien
sympathique
sympathie
sympathiser
symptôme
symphonie
sincérité
sincère
sinciput
syncarpe
syncope
singe
singer
singerie
singulariser (se)
singularité
singulier
singultueux
cingler
cinglage
cinglement

Mots où il entre la lettre **e** *ou les deux lettres* **eu.**

b**e**deau
b**eu**glement
b**eu**gler
b**eu**rrée
b**eu**rre
b**eu**rrier
b**e**sace
b**e**sant
b**e**set

besicle
besogne
besoigneux
besoin
bezigue
beveau
ou beuveau
beuvrine
feudataire
femelle
fenaison
fenouil
fenêtre
feuillage
feuille
feuillaison
feuilleter
feuilleton
feuillure

feutrage
feutre
feutrer
Genève
jeûner
jeûne
jeunesse
jeune
jeton
leurrer
leurre
meubler
meuble
melon
meulon
meule
meunerie
meunier
mener

menu
menuiserie
menuisier
meute
mesurer
mesure
peuplade
peuple
pelure
peler
pelage
peloton
pelote
pelouse
peluche
pelisse
peuplier
pepin
peureux

Mots commençant par **g** *et mots commençant par* **j**.

géant
gélatineux
gélatine
jérémiade
Gérard
Jérôme
Jérémie
Jéroboam
gérant

gérer
Jérusalem
gérondif
Géronte
gémir
gémissement
Jésus
gésier
généraliser

général
généralité
généalogie
générosité
généreux
générique
Genèse
genêt
jeûner

jeunesse	**g**entillesse	**g**en cive
Geneviève	**g**entil	**g**endarmerie
genièvre	**g**entilhomme	**g**endarme
Genève	**j**ante	**g**endarmer (se)

DEUXIÈME PARTIE

MOTS OU LA DIFFICULTÉ EST DANS LE CORPS DES MOTS.

Mots où il entre deux **b** *et mots où il n'en entre qu'un.*

gi**bb**eux
gi**bb**osité
gi**b**ecière
Gi**b**elin
gi**b**elotte
gi**b**oulée
gi**b**oyeux
gi**b**ier

go**bb**e
go**b**elet
ra**b**at
ra**b**ais
ra**b**ette
ra**b**ique
ra**b**ot
ra**b**oter

ra**bb**inisme
ra**bb**in
sa**bb**at
sa**b**otier
sa**b**ot
so**b**riété

Mots où il entre deux **c** *et mots où il n'en entre qu'un.*

ba**c**aliau
ba**cc**alauréat
ba**cc**hante
Ba**cc**hus
bu**cc**al
bu**c**aille
pe**cc**adille
pe**cc**able
pé**c**ari
si**cc**atif
si**cc**ité

si**c**aire
sa**cc**ade
sa**cc**ader
sa**cc**ager
sa**cc**agement
sa**c**oche
sa**cc**harifère
é**c**lectisme
é**c**lectique
e**cc**lésiaste
e**cc**lésiastique

e**cc**lise
é**c**lipse
é**c**lisse
é**c**losion
e**cc**hymose
e**cc**rinologie
su**cc**ursale
su**cc**ursaliste
su**cc**ulence
su**cc**ulent
su**cc**omber

Mots où il entre deux **d** *et mots où il n'en entre qu'un.*

bou**dd**hisme
Bou**dd**ha
bou**d**inière
bou**d**in
bou**d**erie
bou**d**er
pu**dd**lage
pu**dd**ler
qui**dd**ité
qui**d**am
re**dd**ition
ré**d**ivive
sa**dd**er
Tha**dd**ée

Mots où il entre deux **f** *et mots où il n'en entre qu'un.*

bu**ff**leterie
bu**ff**le
mu**f**le
rébu**ff**ade
bu**ff**et
tru**ff**er
tru**ff**e
bi**f**urqué
bi**ff**er
bi**f**ide
di**ff**amation
di**ff**amer
di**ff**érend
di**ff**érer
di**ff**iculté
di**ff**icile
di**ff**ormité
di**ff**orme
di**ff**us
di**ff**usion
fi**f**re
chi**ff**re
chi**ff**rer
gi**f**ler
gi**f**le
si**ff**let
si**ff**ler
si**ff**lement
ri**f**lard
ri**f**ler
ri**f**loir
go**ff**erie
go**ff**e
gou**ff**re
sou**f**rer
sou**f**re
sou**ff**rir
sou**ff**rance
mou**f**lon
mou**f**le
sou**ff**let
sou**ff**ler
sou**ff**lerie
éra**f**lure
éra**f**ler
ma**ff**lé
ma**ff**lu
bou**ff**onnerie
bou**ff**on
bou**ff**issure
bou**ff**ir
bou**ff**ée
bou**ff**er
jou**ff**lu
pou**ff**er
tou**ff**e
tou**ff**u

Mots où il entre deux **l** *et mots où il n'en entre qu'un.*

Apo**ll**on
apo**l**ogie
apo**l**ogue

Apollonie
Apolline
Apollinaire
capillaire
capillarité
capilotade
Théophile
caryophyllée
corollaire
corolle
décollation
décoller
décoloration
décolorer
fallacieux
falourde
folliculaire
folichonner
folâtrer
hallage
halle
halage
halali

haleter
hallebardier
hallebarde
hallier
alicutique
hallucination
hypallage
métallurgiste
métallurgie
métallurgique
oscillation
osciller
parallélisme
parallèle
pollen
polenta
pulluler
hululer
Tullie
Tullia
Julie
Julia
solitude

sollicitude
sollicitation
solliciter
scintillation
scintiller
ventilation
ventiler
stillation
syllabaire
syllabe
tranquillité
tranquille
imbécillité
vilipender
villageois
village
villégiature
villosité
villeux
avaler
ravaler
Avallon

Mots où il entre deux **m** *et mots il n'en entre qu'un.*

domesticité
domestique
domestiquer
domicile
dommage

dominer
domination
flammèche
flamand
mamelon

mamelle
mamillaire
mammifère
nomenclature
nommer

no**m**ination
po**m**ifère
po**mm**e
Po**m**one
po**mm**é
po**mm**ette
po**mm**eau
po**mm**er
po**mm**elé
po**mm**ade
so**mm**aire
so**mm**ation
so**mm**eil
so**mm**eiller
so**mm**elier
so**mm**et
so**mm**ier
so**mm**ité

Mots où il entre deux **n** *et mots où il n'en entre qu'un.*

ga**n**ache
Ga**nn**at
ha**nn**eton
ha**nn**etonner
ha**n**ap
Ha**n**ovre
La**nn**ion
la**n**ière
ma**n**ifeste
ma**n**ifestation
ma**n**ifester
ma**n**igance
ma**n**ipulation
ma**n**ipuler
ma**n**ivelle
ma**nn**e
ma**n**œuvre
ma**n**ouvrier
ma**nn**equin
ma**n**uel
ma**n**ufacture
ma**n**uscrit
bo**n**ification
bo**n**ifier
bo**nn**etterie
bo**nn**etier
co**nn**établie
co**nn**étable
co**n**ifère
co**nn**exe
co**nn**exion
co**nn**ivence
do**n**ateur
do**nn**er
do**n**ation
do**nn**ée
mo**nn**ayage
mo**nn**ayer
mo**nn**aie
mo**n**étaire
mo**n**archie
mo**n**arque
no**nn**e
no**n**agénaire
so**nn**er
so**nn**eur
so**nn**erie
so**nn**ette
so**nn**et
so**n**orité
so**n**ore
to**nn**age
to**nn**e
to**nn**eau
to**n**alité
to**nn**ellerie
to**nn**elier
to**nn**elle
to**nn**er
to**nn**erre
Méditerra**n**ée
sura**nn**é

Mots où il entre deux **p** *et mots où il n'en entre qu'un.*

capparidées
capacité
houppe
poupe
huppe
dupe
lapereau
mappemonde
Dieppe
steppe
cèpe
Agrippa
Agrippine
happelourde
happer
superbe
supplanter
supplantation
supercherie
suppléant
suppléer
supplément
supplémentaire
superficiel
superficie
supplier
supplication
superfin
superflu
superfluité
supplicier
supplice
supplique
support
supporter
supériorité
supérieur
supposable
supposer
supposition
superlatif
superlativement
superposer
supprimer
suppression
suprématie
suprême
supputer
supputation
superstitieux
superstition
suppuration
suppuratif
suppurer

Mots où il entre deux **r** *et mots où il n'en entre qu'un.*

garigue
garrulité
garrotter
garrot
garenne
charron
charrette
charriot
charrue
charriage
charrier
charretier
charretée
charade
charrée
charançon
charité
charogne
larron
larynx
Maroc
marron
marronnier
maroquin
marécage
marais
marrube

marâtre
marraine
narrateur
narration
narrer
narine
parodier
parodie
parité
parrain
paronyme
parricide
sarigue
sarrasin
Sara
sarriette
Sarrebourg
Sarrelouis
Sarreguemines
borax
borique
borraginée
bourrache

loriot
Lorraine
torréfaction
torréfier
toron
torrent
torride
bourrasque
bouracan
bourre
bourrée
bourrellerie
bourrelier
bourriche
bourrier
bourriquet
bourrique
bourru
courroie
courroucer
courroux
courage
courageux

courir
coureur
courrier
couronne
couronner
fourrage
fourreau
fourrer
fourrure
fourrier
fourrière
nourrice
nourrisson
nourrir
nourriture
pourriture
pourrir
concurrent
diarrhée
hémorrhagie
insurrection
résurrection
correction

Mots où entrent les lettres **sc**, *la lettre* **s** *ou la lettre* **c**.

abcéder
abcès
absence
absent
s'absenter

abside
abscission
excision
exciser
arsenal

arsenic
harceler
incendie
insensé
insertion

in**s**érer
in**s**idieux
in**c**ident
in**s**igne
in**c**inération
in**c**inérer
in**s**inuer
in**s**ipidité
in**s**ipide
in**c**isif
in**c**iser
in**c**ision
in**s**istance
in**s**ister
in**c**itation
in**c**iter
fal**s**ification
fal**s**ifier
cal**c**ination
cal**c**iner
cru**c**ifère
cru**c**iforme
cru**c**ifiement
cru**c**ifier
cru**c**ifix
sal**s**ifis
dé**c**ider
dé**c**ision
dé**c**ime
dé**c**imer
de**sc**endance
de**sc**endant
de**sc**endre
de**sc**ente
dé**c**embre
dé**c**ent
dé**c**ence
de**ss**ication
de**ss**écher
dé**c**éder
de**ss**iller
de**ss**inateur
de**ss**in
de**ss**iner
dé**c**evant
dé**c**eption
dé**c**erner
de**ss**ervant

Mots où il entre deux **t** *et mots où il n'en entre qu'un.*

co**t**erie
co**tt**age
co**t**iser
co**t**ret
dile**tt**ante
conce**tt**i
fla**tt**eur
fla**tt**er
fla**tt**erie
fla**t**uosité
fo**tt**alonge
fri**tt**age
fri**tt**er
fri**tt**e
fri**tt**ote
fri**t**ure
ballo**tt**ade
ballo**tt**age
ballo**tt**e
ballo**tt**ement
ballo**tt**er
ballo**tt**ine
ballo**t**in
gu**tt**ural
Ma**tt**hias
ou Ma**t**hias
Ma**tt**hieu
ou Ma**t**hieu
Ma**t**hurin
O**tt**oman
o**tt**omane
o**t**ologie
gra**tt**oir
gra**tt**age
gra**tt**er
pira**t**erie

pira**t**e
décro**tt**eur
décro**tt**er
barbo**t**age
barbo**t**er
fro**tt**er
fro**tt**ement
marmo**t**er
flo**tt**able
flo**tt**er
sanglo**t**er
grelo**tt**er
égou**tt**er
égou**tt**oir
égou**tt**ures
brou**t**er
ragoû**t**er
dérou**t**er
lu**tt**er
lu**tt**e
ba**t**aclan
ba**tt**age
ba**t**aille
ba**t**aillon
ba**tt**erie
ba**tt**ant
ba**t**ardeau
ba**tt**e
ba**t**ardière
ba**t**elier
ba**t**eleur
ba**tt**eler
ba**tt**ellement
ba**tt**erand
ba**t**ifoler
ba**t**iste
ba**tt**itures
ba**tt**oir
li**t**anies
li**t**eau
li**tt**érature
li**tt**éraire
li**tt**éral
li**tt**érateur
li**tt**oral
li**t**ote
li**tt**orelle
mo**tt**e
mo**t**eur
mo**t**iver
mo**t**if
mo**t**ilité
pi**tt**oresque
pi**t**oyable
pi**t**eux
pi**t**on
bo**t**anique
bo**t**aniste
bo**tt**ier
bo**tt**e
bo**tt**ine
bo**tt**eleur
bo**tt**eler
bo**t**argue
la**tt**er
la**tt**is
la**tt**e
la**t**itude

Mots où entrent les lettres **ch** *pour* **k**, *les lettres* **qu**, *la lettre* **c** *ou la lettre* **k**.

A**ch**éron
ac**qu**érir
re**qu**érir
con**qu**érir
chromatique
a**ch**romatique
dé**c**rocher
ana**ch**orète
chi**c**orée
anti**ch**thone
di**c**ton
di**c**ter
ara**ch**nide
Ar**ch**ange
Ar**k**angel

ar**c**anson
ar**ch**éologie
ar**ch**éologue
ar**ch**étype
ar**ch**iépiscopal
in**qu**iéter
ra**c**onter
ar**ch**onte
bra**ch**ial
jus**qu**iame
bron**ch**ocèle
ophi**c**léide
co**ch**léaria
dra**ch**me
mi**c**mac
i**ch**neumon
i**c**tère
i**c**térique
i**ch**thyologie
in**ch**oatif
in**c**ohérence
in**c**ohérent
in**c**oercible
iso**ch**rone
is**ch**ion
is**ch**iagre
é**qu**itation
ec**ch**ymose
ma**ch**aon
ma**c**aroni
ma**c**aron
Anar**ch**arsis
in**c**arcérer
es**c**arcelle
Joa**ch**im
ta**qu**in
casa**qu**in
fa**qu**in
Mi**ch**aël
ra**c**ahout
o**ch**locratie
Ma**c**lou
or**ch**estre
sé**qu**estrer
é**qu**estre
Dun**k**erque
pan**ch**reste
polyte**ch**nique
archite**c**te
archite**c**ture
te**ch**nique
psy**ch**ologie
métempsy**ch**ose

Mots où il entre les lettres **ph** *et mots où il entre la lettre* **f**.

Adol**ph**ine
Adol**ph**e
Arnol**ph**e
Pandol**ph**e
Udol**ph**e
gol**f**e
sol**f**ége
sol**f**ier
Al**ph**onsine
Al**ph**onse
Ilde**f**onse
al**ph**onsin
en**f**oncer
dé**f**oncer
al**ph**abet
al**f**ane
al**ph**anet
al**f**énide
amor**ph**e
am**ph**ibologie
am**ph**ibie
en**f**iler
am**ph**itryon
a**ph**thes
na**ph**te
ca**f**tan
encé**ph**ale
ra**f**ale
cé**ph**alalgie
em**ph**ysème

em**ph**ythéose
caryo**ph**yllée
esta**f**ilade
Ra**ph**aël
blas**ph**émer
blas**ph**ème
blé**ph**arite
fan**f**aron
a**ph**onie
caco**ph**onie
sym**ph**onie
dys**ph**onie
co**ph**ose
gom**ph**ose
métamor**ph**ose

é**ph**émère
é**ph**émérides
Eu**ph**émie
Épi**ph**anie
pro**f**aner
Sté**ph**ane
néo**ph**yte
pro**f**iter
pro**f**érer
Né**ph**élie
O**ph**élie
O**ph**élia
Or**ph**ée
Sa**ph**ira
Sa**ph**o

in**f**ime
Tro**ph**ime
pam**ph**létaire
pam**ph**let
en**f**lure
in**f**ernal
para**ph**ernal
dé**f**erler
pro**ph**ylactique
syl**ph**e
syl**ph**ide
so**ph**isme
so**ph**iste
trans**f**érer
s**ph**ère

Mots où entre la lettre **h** *et mots où elle n'entre pas.*

arborer
ab**h**orrer
ad**h**érer
ad**h**érence
ad**h**ésion
adélopode
Ad**h**émar
ad**h**aler
a**h**uri
aorte
La**h**ore
Ca**h**ors
an**h**ydre

anni**h**iler
anni**h**ilation
Bo**h**ême
poëte
poésie
Bu**h**ot
écobuage
écobuer
ca**h**oter
ca**h**ot
cacao
ca**h**ute
copa**h**u

ba**h**ut
coadjuteur
co**h**abiter
coagulation
coaguler
coalition
coaliser
coassement
co**h**érence
co**h**érent
inco**h**érence
inco**h**érent
co**h**ésion

dés**h**érence
ex**h**éréder
dés**h**ériter
exécrer
exécration
in**h**érence
in**h**érent
da**h**lia
diarr**h**ée
marée
exorde
ex**h**orter
ex**h**ortation
in**h**umer
in**h**umation
ex**h**umer
ex**h**umation
exubérance
pro**h**iber
pro**h**ibition
in**h**iber
in**h**ibition
iniquité
ex**h**alaison
ex**h**aler
exalter
exaltation
ex**h**ibition
ex**h**iber
exilité
exile
co**h**obation
co**h**ober
coopération
coopérateur
coopter
cooptation
co**h**orte
co**h**ue
Né**h**émie
vé**h**émence
vé**h**ément
prééminence
prééminent
par**h**élie
Aurélie
péri**h**élie
pariétaire
variété
vé**h**icule
réd**h**ibition
sil**h**ouette
alouette
Mul**h**ouse
pelouse
jalousie

Mots où il entre la lettre **i** *et mots où il entre la lettre* **y**.

Hippol**y**te
acol**y**te
insol**i**te
prosél**y**te
satell**i**te
néoph**y**te
graph**i**te
zooph**y**te
agr**y**pnie
Agr**i**ppa
cr**y**ptogame
descr**i**pteur
descr**i**ption
Ég**y**pte
Alc**y**on
Alc**i**de
calc**i**um
ambl**y**opie
bibl**i**ophile
am**i**don
am**y**gdale
unan**i**me
homon**y**me
synon**y**me
pseudon**y**me
crypton**y**me
paron**y**me

patronymique
ginglyme
presbyopie
presbytie
presbytisme
myopie
myopisme
myope
cénobite
presbytère
apocryphe
logogriphe
asphyxie
asphyxier
préfixion
préfixe
azyme
Onésime
babil
babiller
babillard
Babylone
baryton
sybarite
énigme
borborygme
Bryone

brioche
cacochyme
cacochymie
parenchyme
chimie
clepsydre
subside
cotillon
cotylédon
dithyrambe
phthyriase
élytre
décilitre
empyreume
empyreumatique
empirer
empyrée
Élysée
élision
Élisée
étymologie
Timoléon
psychologie
métempsychose
Leipsick
molybdène
néophyte

profiter
Euryale
Eurydice
mercuriale
glissade
glisser
glycère
glycine
polygone
polypétale
polyèdre
polygamie
polyphème
polytechnique
polythéisme
Polyeucte
politesse
polisson
politique
papyrus
paralysie
paralytique
paralyser
analyse
analyser
analytique
Cidalise

Mots où il entre les lettres **au** *et mots où il entre la lettre* **o**.

gélinotte
menotte
aéronaute

mor**o**sité
mor**o**se
am**au**rose
amir**au**té
numér**o**ter
lexic**o**logie
amplexic**au**le
ac**au**le
agric**o**le
carac**o**le
bag**au**derie
pag**o**de
rav**au**der
clab**au**der
chev**au**cher
dér**o**cher
cru**au**té
monstru**o**sité
fr**au**der
fr**au**deur
fr**o**mage
fr**o**ment
fr**ô**ler
hydr**au**lique
hydr**o**gène
in**au**gurer
in**au**guration
in**o**dore
pap**au**té
clap**o**tage
clap**o**tis
préc**o**cité
préc**au**tion
tr**au**matique
ar**o**matique
Cl**o**dion
Cl**au**de
cl**au**dication
cl**au**stral
cl**o**stre
fl**au**ber
engl**o**ber
gl**au**que
fl**o**que
pl**au**sibilité
pl**au**sible
expl**o**sion
rest**au**rateur
rest**au**rant
rest**au**ratif
rest**au**rer
rest**au**ration
loy**au**té
roy**au**té

Mots où il entre les lettres **th** *et mots où il entre la lettre* **t**.

Hippoly**te**
aéroli**th**e
an**th**ère
an**t**érieur
an**th**ologie
An**t**onin
an**th**racite
an**th**rax
an**th**ropophage
an**th**ypnotique
an**t**ipsorique
an**t**ich**th**one
an**t**ipa**th**ie
sympa**th**ie
apa**th**ie
pa**th**ologie
pa**th**étique
pa**t**iner
pâ**t**issier
anti**th**énar
anti**th**èse
hypo**th**èse
paren**th**èse
syn**th**èse
mor**t**aise
aph**th**e
ari**th**métique
logari**th**me
is**th**me
a**t**mosphère

ar**th**rodynie
con**t**ralto
as**th**énie
as**t**érisque
a**th**éisme
a**th**ée
poly**th**éisme
Doro**th**ée
Dosi**th**ée
pâ**t**é
nodosi**t**é
A**t**lantique
a**t**las
a**th**lète
A**th**ènes
pa**t**ène
car**th**ame
dic**t**ame
ca**th**édrale
ca**t**égorie
Ca**th**erine
ca**th**olique
ca**t**optrique
co**th**urne
Sa**t**urne
noc**t**urne
diph**th**ongue
pé**t**ongle
di**th**yrambe
i**t**inéraire

emphy**t**éose
amphi**th**éâtre
ph**th**isie
Pan**th**éon
os**t**éologie
ven**t**ouse
en**th**ousiasme
s'en**th**ousiasmer
épi**th**alame
é**t**alage
épi**th**ète
végé**t**er
es**th**étique
anes**th**ésie
Es**th**er
es**th**iomène
é**t**iolement
é**t**iologie
é**th**moïde
e**th**nographie
E**t**na
é**t**ernuement
é**th**er
hypo**th**èque
biblio**th**èque
pa**t**èque
hélian**th**e
acan**th**e
amaran**t**e
mélian**th**e

amian**t**e
fien**t**e
ich**th**yophage
fic**t**if
lé**th**ifère
lé**t**ifier
nos**t**algie
lé**th**argie
li**t**urgie
li**th**arge
li**th**ographie
li**th**ographe
li**th**ographier
li**t**ote
Lu**th**er
lu**th**érien
ma**th**ématicien
ma**th**ématiques
ana**th**ématiser
ana**th**ème
bap**t**ême
mé**th**odique
mé**th**ode
cus**t**ode
misan**th**ropie
misan**th**rope
philan**th**ropie
philan**th**rope
hélio**t**rope [que
an**th**elmin**th**i-

an**th**ropophage
Helmin**the**
An**th**elme
Ar**th**ur
fu**t**ur
A**th**alie
Na**th**alie
A**t**ala
A**t**alante
A**th**énodore
A**th**énaïs
An**t**énor
Bal**th**azar
basal**t**e
Bar**th**élemi
Bar**th**olomé
Ar**th**émise
O**th**ilde

Ba**th**ilde
Ma**th**ilde
Nan**th**ilde
Clo**t**ilde
Éleu**th**ère
Clo**t**aire
Lo**th**aire
Mar**the**
mar**t**re
Ma**th**ias
Ma**th**ieu
Ma**th**urin
ma**t**urité
sa**t**anique
Na**th**aniel
O**th**on
co**t**on
Par**th**énie

par**t**enaire
oph**th**almie
or**th**odoxe
or**th**ographe
or**t**olan
pos**th**ume
cos**t**ume
py**th**onisse
pi**t**on
Bé**th**une
bé**t**une
Ber**the**
Ber**th**ille
Bor**th**old
Gilber**t**e
Edi**the**
édi**t**eur
édi**t**er

TROISIÈME PARTIE

MOTS OU LA DIFFICULTÉ EST DANS LA DÉSINENCE.

Mots terminés par **a**, *par* **as** *et par* **at**.

célib**at**
célib**at**aire
cab**as**
sabb**at**
grab**at**
déb**at**
comb**at**
adéqu**at**
Luc**as**
certific**at**
avoc**at**
duc**at**
Rébecc**a**
musc**at**
pontific**at**
reliqu**at**
reliqu**at**aire
lég**at**
alpag**a**

reneg**at**
omég**a**
Malag**a**
dég**ât**
dog**at**
entrech**at**
pach**a**
ach**at**
crach**at**
Jud**as**
candid**at**
candid**at**ure
agend**a**
concord**at**
dad**a**
sold**at**
sold**at**esque
alph**a**
calf**at**

calf**at**er
sof**a**
chassel**as**
pugil**at**
Paméla
échal**as**
échal**as**ser
prél**at**
Nicol**as**
coutel**as**
Stell**a**
matel**as**
matel**as**ser
vergl**as**
consul**at**
falbal**a**
Col**as**
gal**a**
cervel**as**

Thom**as**
lam**a**
am**as**
am**ass**er
frim**as**
prim**at**
trém**a**
form**at**
dam**as**
panoram**a**
clim**at**
clim**at**érique
anan**as**
assassin**at**
an**a**
faguen**as**
quinquin**a**
pinchin**a**
décan**at**
diacon**at**
gren**at**
sabren**as**
sabren**ass**er
pensionn**at**
caden**as**
caden**ass**er
sén**at**
sén**at**eur
stellion**at**aire
stellion**at**

assign**at**
Auvergn**at**
comp**as**
comp**ass**er
pap**a**
rep**as**
lamp**as**
trép**ass**er
trép**as**
fatr**as**
hypocr**as**
matr**as**
madr**as**
angor**a**
Alcantar**a**
odor**at**
embarr**ass**er
embarr**as**
cér**at**
Clar**a**
Séphor**a**
appar**at**
opér**a**
nacar**at**
rémor**a**
professor**at**
magistr**at**
magistr**at**ure
galet**as**
aérost**at**

duplicat**a**
taffet**as**
apost**at**
attent**at**
attent**at**oire
errat**a**
résult**at**
not**a**
podest**at**
prorat**a**
potent**at**
acaci**a**
novici**at**
galimati**as**
cochléari**a**
dahli**a**
notari**at**
not**a**ire
ratafi**a**
tibi**a**
pancré**as**
bé**at**
bé**at**itude
bé**at**ifier
Calatrav**a**
canev**as**
Jéhov**a**
colz**a**

Mots terminés par **i**, *par* **is**, *par* **it** *et par* **y**.

Alb**y**
alib**i**
rub**is**
birib**i**
ib**is**
hab**it**
acab**it**
gâch**is**
hach**is**
guilloch**is**
torch**is**
lund**i**
mard**i**
mercred**i**
jeud**i**
vendred**i**
samed**i**
parad**is**
taud**is**
mid**i**
band**it**
maravéd**is**
cad**i**
créd**it**
créd**it**er
effend**i**
salmigond**is**
salsif**is**
déf**i**

déf**i**er
soph**i**
prof**i**t
prof**it**er
log**is**
dél**it**
Mâchecoul**is**
chål**it**
confl**it**
torticol**is**
roul**is**
Tripol**i**
éboul**is**
nol**is**
surpl**is**
treill**is**
Nell**y**
baill**i**
margouill**is**
taill**is**
spah**i**
fouill**is**
Noém**i**
Berthelém**y**
tam**is**, tam**is**er
sem**is**
fourm**i**
salm**is**
Anton**y**

Den**is**
Fann**y**
acon**it**
an**is**
vern**is**ser
vern**is**
gran**it**
gran**it**ique
kép**i**
tap**is**
tap**is**ser
tap**is**serie
biscap**it**
ép**i**
ép**i**er
dép**it**
dép**it**er
rép**it**
lap**is**
croqu**is**
exqu**is**
marqu**is**
marqu**is**at
acqu**it**
acqu**it**ter
bénar**is**
guiller**i**
favor**i**
berbér**i**

bistour**i**
color**is**
tamar**is**
pilor**i**
pilor**i**er
Amaur**y**
amphigour**i**
sour**is**
panar**is**
charivar**i**
maur**is**
jur**y**
Valér**y**
céler**i**
émer**i**
tor**y**
débr**is**
cabr**i**
abr**i**
lambr**is**ser
lambr**is**
Aubr**y**
colibr**i**
mépr**is**er
mépr**is**
espr**it**
conscr**it**
manuscr**it**
rescr**it**
hourvar**i**
sanscr**it**
châss**is**
lac**is**
souc**i**
souc**i**eux
Nanc**y**
révers**i**
réc**it**er
réc**it**
préc**is**
préc**is**e
préc**is**ion
surs**is**
glac**is**
appét**it**
appent**is**
apprent**i**
cliquetis
muft**i**
pilot**is**
coat**i**
tort**is**
bris**is**
diés**is**
av**is**
av**is**er
cochev**is**
lav**is**
mauv**is**
lazz**i**

Mots terminés par **o**, *par* **au**, *par* **ot**, *par* **os**, *par* **aut**, *par* **aud** *et par* **eau**.

corb**eau**
clab**au**dage
clab**aud**
clab**aud**er
escarb**ot**
escab**eau**
escabelle
tomb**eau**
tombe
sab**ot**ier
sab**ot**
turb**ot**
lamb**eau**
flamb**eau**
jab**ot**
nab**ot**
barb**eau**
chab**ot**
flib**ot**
chic**ot**
calic**ot**

haric**ot**
coc**o**
éc**ot**
panic**aut**
persic**ot**
bouc**aut**
coqueric**o**
bed**eau**
bad**aud**erie
bad**aud**
cord**eau**
corde
cad**eau**
dod**o**
batard**eau**
ad**os**
ad**os**sé
faisand**eau**
rad**eau**
land**au**
réch**aud**
cach**ot**
artich**aut**
bach**ot**
arg**ot**
Rovig**o**
nig**aud**erie
nig**aud**
ling**ot**
vertig**o**

escarg**ot**
indig**o**
gig**ot**
gig**o**ter
embarg**o**
fag**ot**
Cong**o**
pong**o**
rag**ot**
fabag**o**
mag**ot**
joy**au**
bill**ot**
hoy**au**
tuy**au**
maill**ot**
aloy**au**
caill**ot**
boy**au**
fabli**au**
flé**au**
glu**au**
gru**au**
Buh**ot**
lori**ot**
pré**au**
idi**ot**
idi**ot**isme
cala**o**
boul**eau**

brûl**ot**
roul**eau**
javel**ot**
cachal**ot**
tuil**eau**
tuile
matel**ot**
hal**o**
bimbel**ot**erie
bimbel**ot**
fal**ot**
Saint-L**ô**
goul**ot**
encl**os**
mélil**ot**
mercel**ot**
mul**ot**
grel**ot**
sol**o**
chalum**eau**
marm**ot**
ram**eau**
cham**eau**
grum**eau**
jum**eau**
trum**eau**
grim**aud**
pen**aud**
domin**o**
ann**eau**

can**ot**
Arn**aud**
fourn**eau**
lin**ot**
lin**ot**te
crén**eau**
guan**o**
agn**eau**
men**eau**
moin**eau**
huguen**ot**
quin**aud**
crap**aud**
chap**eau**
dép**ôt**
rep**os**
imp**ôt**
drap**eau**
disp**os**
flip**ot**
troup**eau**
troupe
orip**eau**
cop**eau**
app**eau**
appeler
prop**os**
prop**os**ition
pip**eau**
pipée

numér**o**
mar**aud**
mar**aud**er
zér**o**
hér**os**
bur**eau**
tar**aud**
tar**aud**er
bigarr**eau**
bourr**eau**
godelur**eau**
hober**eau**
laper**eau**
levr**aut**
algar**ot**
passer**eau**
perdr**eau**
garr**ot**
garr**ot**er
pétr**ot**
blair**eau**
poir**eau**
sarr**au**
pur**eau**
chégr**os**
allégr**o**
pér**ot**
ou
pir**ot**
morc**eau**

morceler
morcellement
arbriss**eau**
soubres**aut**
arc**eau**
ruiss**eau**
cerc**eau**
s**ot**
s**ot**tise
berc**eau**
ress**aut**
ress**aut**er
faisc**eau**
éfourc**eau**
panonc**eau**
rinc**eau**
gouss**aut**
souric**eau**
souricière
tass**eau**
trouss**eau**
vermiss**eau**
vers**eau**
vers**o**
lionc**eau**
bis**eau**
lus**eau**
mus**eau**
nas**eau**
rés**eau**

ros**eau**
palet**ot**
pat**aud**
rust**aud**
chât**eau**
châtelet
mant**eau**
mante
ét**au**
plat**eau**
blut**eau**
caillet**eau**

Yvet**ot**
étout**eau**
lint**eau**
lit**eau**
loquet**eau**
tourt**eau**
tourte
trét**eau**
incognit**o**
mément**o**
soliv**eau**
solive

pav**ot**
prév**ôt**
prév**ôt**al
cav**eau**
dév**ot**
dév**ot**ion
bev**eau**
bouv**eau**
clav**eau**
godiv**eau**
maniv**eau**

Mots terminés par **u**, *par* **us** *et par* **ut.**

ab**us**er
ab**us**
attrib**ut**ion
attrib**ut**
imb**u**
reb**ut**
reb**ut**er
scorb**ut**ique
scorb**ut**
tab**ut**
trib**ut**aire
trib**ut**
trib**u**
déb**ut**er
déb**ut**
ard**u**

assid**u**ité
assid**u**
dod**u**
individ**u**el
individ**u**
ind**u**
résid**u**
f**ût**aille
f**ût**
conf**us**ion
conf**us**
diff**us**ion
diff**us**
ref**us**er
ref**us**
touff**u**

aig**u**
ambig**u**
bég**u**
contig**u**ïté
contig**u**
exig**u**ïté
exig**u**
Zag**u**
verj**us**
j**us**
absol**u**
cal**us**
tal**us**
chevel**u**
dissol**u**
percl**us**ion

percl**us**
gl**u**ant
gl**u**
goguel**u**
joufl**u**
maffl**u**
révol**u**
superfl**u**
trupel**u**
vermoul**u**
incl**us**ion
incl**us**
biscorn**u**
charn**u**
chen**u**
contin**u**ité
contin**u**
gren**u**
ingén**u**ité
ingén**u**
men**u**
saugren**u**
crép**u**
lipp**u**
trap**u**
comp**ut**
occip**ut**
précip**ut**
sincip**ut**
béchar**u**
écr**u**
incongr**u**ité
incongr**u**
congr**u**
malotr**u**
recr**u**
ventr**u**
ins**u**
tiss**u**
obt**us**
fét**u**
instit**ut**
vert**u**eux
vert**u**
imprompt**u**

Mots terminés par **ance**, **ence**, *par* **anse** *et par* **ense**.

bomb**ance**
vac**ance**
vac**ant**
fréqu**ent**
séqu**ence**
sé**ance**
présé**ance**
dolé**ance**
condolé**ance**
éché**ance**
afflu**ent**
afflu**ence**
nu**ance**
influ**encer**
influ**ence**
abond**ant**
abond**ance**
concord**ance**
prud**ence**
prud**ent**
contred**anse**
confid**ent**
confid**ence**
dépend**ance**
dépend**ant**
évid**ence**
évid**ent**
cad**encer**
cad**ence**
créd**ence**
condescend**ance**
correspond**ant**
correspond**ance**
décad**ence**
descend**ant**
descend**ance**
discord**ance**
discord**ant**
dissid**ence**

dissid**ent**
imprud**ent**
imprud**ence**
intend**ance**
intend**ant**
outrecuid**ance**
outrecuid**ant**
présid**ence**
présid**ent**
provid**ence**
redond**ance**
redond**ant**
résid**ence**
surabond**ance**
surintend**ant**
surintend**ance**
tend**ance**
transcend**ance**
transcend**ant**
enf**ance**
enf**ant**
dilig**ence**
dilig**ent**
oblige**ance**
oblige**ant**
exig**ence**
exige**ant**
néglig**ence**
néglig**ent**
intellig**ent**

intellig**ence**
indig**ence**
indig**ent**
conting**ence**
conting**ent**
indulg**ence**
indulg**ent**
urg**ence**
urg**ent**
rég**ence**
rég**ent**
venge**ance**
diverg**ence**
diverg**ent**
converg**ence**
converg**ent**
défi**ance**
défi**ant**
méfi**ance**
méfi**ant**
expéri**ence**
presci**ence**
opul**ence**
opul**ent**
pétul**ance**
pétul**ant**
sil**ence**
sil**encieux**
bal**ancer**
bal**ance**

corpul**ence**
corpul**ent**
dissembl**ance**
excell**ence**
excell**ent**
nonchal**ance**
nonchal**ant**
indol**ence**
indol**ent**
insol**ence**
insol**ent**
ressembl**ance**
turbul**ence**
turbul**ent**
vigil**ance**
vigil**ant**
viol**ence**
viol**ent**
virul**ence**
virul**ent**
dém**ence**
clém**ence**
clém**ent**
rom**ance**
véhém**ence**
véhém**ent**
sem**ence**
abstin**ence**
consonn**ance**
dissonn**ance**

conten**ance**
conven**ance**
désin**ence**
émin**ence**
émin**ent**
préven**ance**
préven**ant**
impertin**ence**
impertin**ent**
perman**ence**
perman**ent**
souven**ance**
dép**ense**
dép**enser**
disp**ense**
disp**enser**
p**anse**
p**anser**
p**anse**ment
prépondér**ance**
prépondér**ant**
préfér**ence**
circonfér**ence**
concurr**ence**
concurr**ent**
gar**ance**
défér**ence**
exubér**ance**
protubér**ance**
occurr**ence**

ignor**ance**
ignor**ant**
persévér**ant**
persévér**ance**
outr**ance**
remontr**ance**
révér**ence**
tempér**ance**
tempér**ant**
tolér**ance**
tolér**ant**
transpar**ence**
transpar**ent**
tr**anse**
naiss**ance**
adolesc**ence**
adolesc**ent**
déc**ence**
déc**ent**
obéiss**ance**
obéiss**ant**
ess**ence**
abs**ence**
abs**ent**
connaiss**ance**
reconnaiss**ance**
reconnaiss**ant**
convalesc**ent**
convalesc**ence**
croiss**ance**

déliquesc**ence**
déliquesc**ent**
délitesc**ence**
effervesc**ent**
effloresc**ence**
intumesc**ence**
magnific**ence**
réjouiss**ance**
réminisc**ence**
renaiss**ance**
résipisc**ence**
rétic**ence**
assist**ance**
assist**ant**
dist**ance**
dist**ant**
exist**ence**
pénit**ence**
pénit**ent**
import**ant**
import**ance**
pot**ence**
résist**ance**
résist**ant**
compét**ence**
compét**ent**
consist**ance**
consist**ant**
circonst**ance**
concomit**ance**

const**ance**
const**ant**
omnipot**ence**
omnipot**ent**
pit**ance**
prest**ance**
inadvert**ance**
inst**ance**
int**ensité**
int**ense**
intermitt**ence**
intermitt**ent**
jact**ance**
quitt**ance**
sent**ence**
st**ance**
subsist**ance**
subst**ance**
Prov**ence**
redev**ance**
surviv**ancier**
surviv**ance**
av**ance**
av**ancé**

Mots terminés par **an**, *par* **en**, *par* **ant**, *par* **and** *et par* **ent**.

forb**an**
cub**an**
haub**an**
rub**an**
rub**anier**
turb**an**
Lib**an**
enc**an**
délinqu**ant**
conséqu**ent**
conséqu**ente**
conséqu**ence**
fabric**ant**
fabric**ante**
éloqu**ent**
éloqu**ente**
éloqu**ence**
carc**an**
bourac**an**
prédic**ant**
trafiqu**ant**
volc**an**
volc**an**ique
anglic**an**
anglic**ane**
canc**aner**
canc**an**
pélic**an**
rubic**an**
rubic**ane**
Astrak**an**
mordic**ant**
mordic**ante**
touc**an**
gallic**an**
gallic**ane**
Soud**an**
ard**ent**
ard**ente**
indépend**ance**
indépend**ant**
indépend**ante**
antécéd**ent**
antécéd**ente**
ascend**ance**
ascend**ant**
ascend**ante**
imprud**ence**
imprud**ent**
imprud**ente**
dissid**ence**
dissid**ent**
dissid**ente**
chiend**ent**
intend**ance**
intend**ant**
intend**ante**
accid**entel**
accid**ent**
incid**ent**

péd**ant**isme
péd**ant**
péd**ante**
adjud**ant**
transcend**ance**
transcend**ant**
transcend**ante**
Occid**ent**
occid**ent**al
command**ant**
confid**ence**
confid**ent**
confid**ente**
présid**ence**
présid**ent**
ramad**an**
évid**ence**
évid**ent**
évid**ente**
éléph**ant**iasis
éléph**ant**
enf**ance**
enf**ant**illage
enf**ant**in
enf**ant**
inf**ant**
inf**ante**
fanf**an**
ourag**an**
arrog**ance**
arrog**ant**
arrog**ante**
élég**ance**
élég**ant**
élég**ante**
yatag**an**
ongu**ent**
brig**and**age
brig**and**
fring**ant**
extravag**ance**
extravag**ant**
intrig**ant**
néglig**ence**
néglig**ent**
néglig**ente**
oblige**ance**
oblige**ant**
oblige**ante**
arg**ent**erie
arg**ent**
arg**ent**er
arg**ent**ure
exig**ence**
exige**ant**
exige**ante**
dilig**ence**
dilig**ent**
dilig**ente**
étudi**ant**
expédi**ent**
mendi**ant**
mendi**ante**
ingrédi**ent**
intellig**ence**
intellig**ent**
intellig**ente**
serg**ent**
serg**ent**er
asterg**ent**
asterg**ente**
ag**ence**
ag**ent**
diverg**ence**
diverg**ent**
diverg**ente**
converg**ence**
converg**ent**
converg**ente**
émerg**ence**
émerg**ent**
émerg**ente**
astring**ence**
astring**ent**
astring**ente**
réfring**ent**
conting**ence**
conting**ent**
conting**ente**
rég**ence**

rég**ent**
rég**ente**
indig**en**ce
indig**ent**
indig**ente**
urg**en**ce
urg**ent**
urg**ent**e
chambell**an**
excell**en**ce
excell**ent**
excell**ente**
bil**an**
Mil**an**
pal**an**
insol**en**ce
insol**ent**
insol**ente**
ortol**an**
corpul**en**ce
corpul**ent**
corpul**ent**e
dol**ent**
dol**ent**e
brel**an**
équipoll**en**ce
équipoll**ent**
équival**ent**
nonchal**an**ce
nonchal**ant**
nonchal**ante**
opul**en**ce
opul**ent**
opul**ent**e
tal**ent**
merl**an**
sanguinol**ent**
succul**en**ce
succul**ent**
turbul**en**ce
turbul**ent**
turbul**ente**
vigil**an**ce
vigil**ant**
vigil**ant**e
viol**en**ce
viol**ent**
viol**ente**
virul**en**ce
virul**ent**
virul**ente**
pétul**an**ce
pétul**ant**
pétul**ant**e
musulm**an**
musulm**an**e
Allem**and**
Allem**and**e
diam**ant**
diam**ant**er
Arm**and**
Arm**and**e
firmam**ent**
firm**an**
alderm**an**
serm**ent**
asserm**ent**er
Osm**an**
sarm**ent**
sarm**ent**eux
dolm**an**
tourm**ent**er
tourm**ent**
caïm**an**
cim**ent**
cim**ent**er
aim**ant**er
aim**ant**
drogm**an**
im**an**
im**an**at
sédim**ent**
sédim**ent**aire
rom**an**esque
rom**an**
Din**an**
contin**ent**
Ren**an**
Fern**and**
Fern**and**e

éminence
éminent
éminente
impertinence
impertinent
impertinente
lieutenant
permanence
permanent
permanente
Ferdinand
arpent
arpenter
chenapan
pimpant
empan
serpent
serpenter
serpentin
trépaner
trépan
tympan
tympanon
torrent
torrentueux
Koran
conquérant
vétéran
concurrence
concurrent

concurrente
différence
différent
différente
afférence
afférent
tisserand
tyrannie
tyran
tyranniser
tyrannique
apparence
apparent
apparente
ignorance
ignorant
ignorante
transparence
transparent
transparente
indifférence
indifférent
indifférente
bougran
cadran
cormoran
safran
safrané
parenté
parent

sérancer
séran
absence
absent
absente
accentuer
accent
accentuation
commerçant
commerce
commercer
adolescence
adolescent
adolescente
adjacence
adjacent
adjacente
récent
paysan
paysanne
présent
présenter
faisan
faisane
partisan
séduisant
séduisante
artisan
complaisance
complaisant

complais**ante**
courtis**an**
capit**an**
pénit**ence**
pénit**ent**
Gaét**an**
Gaét**ane**
habit**ant**
habit**ante**
Trist**an**
sult**an**
sult**ane**
lat**ent**
lat**ente**
cabest**an**
compét**ence**
compét**ent**
compét**ente**
charlat**an**isme
charlat**an**
mécont**ent**er
mécont**ent**
combatt**ant**
intermitt**en**ce
intermitt**ent**
intermitt**ente**
div**an**
couv**ent**
Iv**an**
dorénav**ant**
ferv**ent**

Mots terminés par **ar**, *par* **ard**, *par* **are**, *par* **arre** *et par* **art.**

baz**ar**
has**ard**er
has**ard**
has**ard**eux
Laz**are**
Balthaz**ar**
biz**arr**erie
biz**arre**
hect**are**
nect**ar**
guit**are**
ret**ard**er
ret**ard**
fanf**are**
ph**are**
f**ard**er
f**ard**
nénuph**ar**
coquem**ar**
cam**ard**
Colm**ar**
tim**ar**iot
tim**ar**
sim**arre**
cauchem**ar**
braquem**art**
m**are**
Lesp**arre**
dép**art**
léop**ard**
Gasp**ard**
ovip**are**
vivip**are**
barb**ar**ie
barb**are**
job**ard**
escob**ar**
gab**are**
trib**art**
b**ard**
éc**art**ement
éc**art**er
éc**art**
béc**arre**
Osc**ar**
boc**ard**
branc**ard**
ac**are**

broc**art**
broc**ard**
plac**ard**
plac**ard**er
soud**ard**
étend**ard**
pend**ard**
d**ard**
d**ard**er
blaf**ard**
caf**ard**
mouch**ard**er
mouch**ard**
rich**ard**
babill**ard**
béquill**ard**
bill**ard**
brouill**ard**
corbill**ard**
foul**ard**
épaul**ard**
li**ard**
li**ard**er

cagn**ard**ise
cagn**ard**
campagn**ard**
campagn**ard**e
grogn**ard**
montagn**ard**
montagn**ard**e
poign**ard**
poign**ar**der
Edg**ar**
ign**are**
bag**arre**
reg**ard**
reg**ard**er
ring**ard**
hang**ar**
hag**ard**
hag**ard**e
cig**are**
cig**are**tte
ég**ard**
ren**ard**
ren**ard**er

Bern**ard**
Bern**ard**in
Léon**ard**
Tén**are**
traquen**ard**
can**ard**
n**ard**
épin**ard**
piaul**ard**
pleur**ard**
l**ard**er
l**ard**
quoqu**ard**
bav**ard**age
bav**ard**er
bav**ard**
av**ar**ice
av**are**
boulev**ard**
jav**art**
puis**ard**

Mots terminés par **ace**, *et mots terminés par* **asse**.

cori**ace**
cuir**ass**ier
cuir**asse**
vor**ac**ité
vor**ace**
terr**ass**ier

terr**asse**
paper**asse**
paper**asse**r
r**ace**
tr**ace**r
tr**ace**

Thr**ace**
cr**asse**ux
cr**asse**
Pancr**ace**
dédic**ace**
effic**ace**

carc**asse**
effic**acité**
béc**asse**
coc**asse**
perspic**acité**
perspic**ace**
c**asse**
m**asser**
m**asse**
grim**acer**
grim**ace**
lim**açon**
lim**ace**
contum**ace**
préf**ace**

surf**ace**
teign**asse**
rap**acité**
rap**ace**
imp**asse**
esp**ace**
esp**acer**
esp**acement**
aud**acieux**
aud**ace**
fend**asse**
pot**asse**
pot**assium**
bes**ace**
caleb**asse**

crev**assé**
crev**asse**
viv**ace**
li**asse**
paill**asse**
cul**asse**
fil**asse**
mél**asse**
tén**acité**
ten**ace**
n**asse**
men**acer**
men**ace**
bon**asse**
Parn**asse**

Mots terminés par **er**, *par* **ère**, *par* **erre** *et par* **aire.**

artériel
art**ère**
solit**aire**
cimet**erre**
délét**ère**
léthif**ère**
légat**aire**
comment**aire**
commandit**aire**
Jupit**er**
crat**ère**
locat**aire**
frat**er**

mésent**ère**
austérité
aust**ère**
célibat**aire**
cautériser
caut**ère**
éth**er**
magist**er**
invent**aire**
not**aire**
Finist**ère**
caractériser
caractéristique

caract**ère**
mandat**aire**
évent**aire**
ministériel
minist**ère**
salut**aire**
gloss**aire**
sincérité
sinc**ère**
advers**aire**
ulcéreux
ulc**ère**
cors**aire**

visc**ère**
émiss**aire**
ros**aire**
misérable
mis**ère**
garnis**aire**
réverb**ère**
cerb**ère**
syllab**aire**
belvéd**ère**
lapid**aire**
solid**aire**
calv**aire**
sévérité
sév**ère**
hiv**er**
vulgarité
vulg**aire**
vulgaris**er**
nagu**ère**
gucrrier
gu**erre**
gu**ère**
chenevi**ère**
brévi**aire**
civi**ère**
banni**ère**
lani**ère**
domicili**aire**
voli**ère**

sali**ère**
auxili**aire**
nobili**aire**
serpili**ère**
li**erre**
bi**ère**
pierreux
pi**erre**
incendi**aire**
vivandi**ère**
intermédi**aire**
chaudi**ère**
stipendi**aire**
subsidi**aire**
gibeci**ère**
judici**aire**
vesti**aire**
liti**ère**
fronti**ère**
polarisation
pol**aire**
colérique
col**ère**
salarier
sal**aire**
formul**aire**
Val**ère**
galérien
gal**ère**
insul**aire**

thal**er**
mol**aire**
éphémérides
éphém**ère**
grammairien
gramm**aire**
prim**aire**
chimériquo
chim**ère**
somm**aire**ment
somm**aire**
machef**er**
sommif**ère**
affairé
aff**aire**
hémisph**ère**
satisfaction
satisf**aire**
enf**er**
prospérité
prosp**ère**
rep**aire**
vip**ère**
débonn**aire**
tonn**erre**
mercen**aire**
congén**ère**
séminariste
sémin**aire**
vétérin**aire**

centen**aire**	foug**ère**	ciné**raire**
enchérir	még**ère**	contrarier
enchè**re**	arbitr**aire**	contr**aire**ment
jach**ère**	funér**aire**	contr**aire**

Mots terminés par **ers** *et mots terminés par* **ert.**

univ**ers**el	trav**ers**	Fulb**ert**
univ**ers**	conc**ert**er	Lamb**ert**
piv**ert**	conc**ert**	Norb**ert**
perv**ers**ité	dess**ert**e	Hub**ert**
perv**ers**	dess**ert**	Sigeb**ert**
couv**ert**ure	exp**ert**ise	haub**ert**
couv**ert**	exp**ert**	dés**ert**er
rev**ers**	Alb**ert**	dés**ert**
trav**ers**er	Dagob**ert**	dis**ert**

Mots terminés par **or**, *par* **ore**, *par* **aure**, *par* **ord** *et par* **ort.**

cent**aure**	cond**or**	disc**ord**ance
but**or**	mand**ore**	disc**ord**
cast**or**	corrégid**or**	tricol**ore**
tort	matad**or**	simil**or**
minot**aure**	thermid**or**	mil**ord**
st**ore**	messid**or**	pyl**ore**
taureau	fructid**or**	Agl**aure**
taure	péc**ore**	L**aure**
corrid**or**	acc**ord**er	Fl**ore**
Théod**ore**	acc**ord**	ess**or**
Isid**ore**	déc**or**er	ress**ort**ir
Héliod**ore**	déc**or**	ress**ort**

amph**ore**
raif**ort**
eff**ort**
renf**ort**
Bosph**ore**
phosph**ore**
Belf**ort**
son**or**ité
son**ore**
nord
Agén**or**

Ni**ort**
madrép**ore**
transp**ort**er
transp**ort**
rep**ort**
elléb**ore**
ab**ord**er
ab**ord**
bab**ord**er
bab**ord**
trib**ord**

sab**ord**
reb**ord**
trés**or**ier
trés**or**
matam**ore**
météo**r**ologie
mété**ore**
sycom**ore**
carniv**ore**
herbiv**ore**
omniv**ore**

Mots terminés par **osse**, *par* **auce**, *par* **oce** *et par* **ausse.**

fér**oc**ité
fér**oce**
car**oss**ier
car**osse**
atr**oc**ité
atr**oce**
ch**auss**ette
ch**ausse**
é**cosser**

cosse
Éc**oss**ais
Éc**osse**
saucer
sauce
nég**oc**iant
nég**oce**
cr**osse**
b**osser**

b**osse**
sacerd**oce**
vél**oc**ité
vél**oce**
col**oss**al
col**osse**
rosse

Mots terminés par **ir**, *par* **ire**, *par* **yr** *et par* **yre.**

cour**ir**
sour**ire**
conf**ire**
bouff**ir**
suff**ire**
porph**yre**

zéph**yr**
saph**ir**
pol**ir**
tirel**ire**
él**ire**
coll**yre**

dél**ire**r
dél**ire**
fu**ir**
s'enfu**ir**
lu**ire**
bru**ire**

dédu**ire**
éconduire
condu**ire**
sédu**ire**
agrand**ir**
interd**ire**
bond**ir**
maud**ire**
préd**ire**
étourd**ir**
applaud**ir**
nad**ir**
contred**ire**

ag**ir**
hég**ire**
sb**ire**
sub**ir**
gém**ir**
m**ire**
vamp**ire**
emp**ire**
soup**ir**er
soup**ir**
ap**yre**
p**ire**
grav**ir**

nav**ire**
sév**ir**
dépér**ir**
circonscr**ire**
décr**ire**
dés**ir**er
dés**ir**
élix**ir**
lois**ir**
viz**ir**
mart**yre**
mart**yr**
pât**ir**

Mots terminés par **ice**, *par* **isse** *et par* **ic**.

coul**isse**
mal**ic**ieux
mal**ice**
compl**ic**ité
compl**ice**
écl**isse**
mél**isse**
dél**ic**ieux
dél**ice**
pol**ic**er
pol**ice**
pel**isse**
régl**isse**
suppl**ic**ier
suppl**ice**

mil**ice**
cal**ice**
append**ice**
ind**ice**
préjud**ic**iable
préjud**ice**
Narc**isse**
exerc**ice**
nov**ic**iat
nov**ice**
écrev**isse**
artif**ic**iel
artif**ice**
bénéf**ic**ier
bénéf**ice**

édif**ic**ation
édif**ice**
maléf**ice**
sacrif**ice**
orif**ice**
arusp**ice**
ép**ic**er
ép**ice**
précip**ice**
prop**ice**
avar**ic**ieux
avar**ice**
cicatr**ic**ule
cicatr**ice**
capr**ic**ieux

capr**ice**
dentifr**ice**
jocr**isse**
nourr**ic**ier
nourr**ice**
var**ice**
esqu**iss**er
esqu**isse**
fact**ice**
just**ic**ier
just**ice**
not**ice**
solst**ice**
gén**isse**

Mots terminés par **in**, *par* **ain** *et par* **ein.**

coqu**in**erie
coqu**in**
Afric**ain**
faqu**in**erie
faqu**in**
arlequ**in**ade
arlequ**in**
baldaqu**in**
bouqu**in**iste
bouqu**in**
brodequ**in**
casaqu**in**
mannequ**in**
maroqu**in**er
maroqu**in**
mesqu**in**erie
mesqu**in**
palanqu**in**
requ**in**
sequ**in**
taqu**in**erie
taqu**in**er
taqu**in**
cert**ain**ement
cert**ain**
mut**in**erie
mut**in**
pat**in**er
pat**in**
mat**in**ée
mat**in**al
mat**in**
argent**in**e
argent**in**
chât**ain**
cabot**in**age
cabot**in**
sacrist**ain**
Célest**in**e
Célest**in**
haut**ain**e
haut**ain**
loint**ain**e
loint**ain**
dest**in**ée
dest**in**
enfant**in**e
enfant**in**
fest**in**er
fest**in**
ét**ain**
fret**in**
intest**in**al
intest**in**
lat**in**iste
lat**in**
libert**in**age
libert**in**
pant**in**
scrut**in**
clandest**in**ité
clandest**in**
but**in**er
but**in**
jard**in**age
jard**in**ier
jard**in**
mondanité
mond**ain**e

mond**ain**
boud**in**ière
boud**in**
bad**in**er
bad**in**age
bad**in**
soud**ain**eté
soud**ain**
citad**in**e
citad**in**
dédaigner
déd**ain**
gourd**in**
rond**in**
palad**in**
poul**ain**
moul**in**et
moul**in**
chapel**ain**
craquel**in**
décl**in**er
décl**in**
vil**ain**e
vil**ain**
encl**in**
patel**in**age
patel**in**
air**ain**
river**ain**e
river**ain**

souver**ain**eté
souver**ain**
romar**in**
bur**in**er
bur**in**
fr**ein**
chanfr**ein**
refr**ain**
écr**in**
chagr**in**er
chagr**in**
flor**in**
for**ain**
Lorr**ain**e
Lorr**ain**
Tur**in**
pur**in**
lutr**in**
entr**aîn**er
entr**ain**
suzer**ain**eté
suzer**ain**
mandar**in**
mandr**in**
Mathur**in**
merr**ain**
terr**ain**
parr**ain**
tamar**in**
alev**in**er

alev**in**age
alev**in**
dev**in**er
dev**in**
écriv**ain**
Silv**ain**
div**in**ité
div**in**
échev**in**
prov**in**
rav**in**e
rav**in**er
rav**in**
assass**in**at
assass**in**
bass**in**
mals**ain**
couss**in**et
couss**in**
fantass**in**
larc**in**
marcass**in**
matass**in**
pouss**in**
spadass**in**
succ**in**
tocs**in**
travers**in**
massep**ain**
calep**in**

canep**in**	galop**in**	lap**in**e
escarp**in**	grapp**in**	lap**in**

Mots terminés par **on** *et mots terminés par* **ond.**

morib**ond**	bouch**on**	cord**on**ner
charb**on**nier	califourch**on**	cord**on**
charb**on**	coch**on**nerie	cotyléd**on**é
vagab**ond**age	coch**on**	cotylédo**n**
vagab**ond**	cornich**on**	dind**on**nier
jamb**on**neau	manch**on**	dind**on**neau
jamb**on**	torch**on**ner	dind**on**
féc**ond**ité	torch**on**	édred**on**
féc**ond**er	aband**on**ner	espad**on**
féc**ond**	aband**on**	guérid**on**
flac**on**	amid**on**ner	guid**on**
rubic**ond**e	amid**on**	myrmid**on**
rubic**ond**	bid**on**	pard**on**ner
balc**on**	bond**on**ner	pard**on**
fauc**on**nier	bond**on**	tend**on**
fauc**on**	bourd**on**nement	caraf**on**
chic**on**	bourd**on**ner	griff**on**
floc**on**	bourd**on**	plaf**ond**
gasc**on**nade	brand**on**	siph**on**
gasc**on**	brid**on**	prof**ond**eur
bouch**on**ner	chard**on**	prof**ond**

Mots terminés par **geon** *et mots terminés par* **jon.**

don**jon**	gou**jon**	pi**geon**neau
plon**geon**	escour**geon**	pi**geon**
estur**geon**	bour**geon**	Di**jon**

badi**geon**ner
badi**geon**
dra**geon**
sur**geon**
sauva**geon**

Mots terminés par **ron** *et mots terminés par* **rron.**

ba**ron**nie
ba**ron**net
ba**ron**
cha**rron**age
cha**rron**
fanfa**ron**nade
fanfa**ron**
ma**rron**nier
ma**rron**
la**rron**ner
la**rron**
aube**ron**
avi**ron**
bibe**ron**
ca**ron**
ceintu**ron**
chape**ron**ner
chape**ron**
ci**ron**
clai**ron**
épe**ron**ner
épe**ron**
fleu**ron**
forge**ron**
gi**ron**
hé**ron**
ju**ron**
maca**ron**
mou**ron**
pale**ron**
pâtu**ron**
poti**ron**
puce**ron**
vé**ron**
vigne**ron**

Mots terminés par **son**, *par* **sson** *et par* **çon.**

fa**ço**nner
fa**çon**
gla**ce**
gla**çon**
lima**ce**
lima**çon**
colima**çon**
pailla**sson**
capara**ço**nner
capara**çon**
contrefa**çon**
estrama**çon**
cale**çon**
cre**sson**
hame**çon**
cave**çon**
le**çon**
sene**çon**
te**sson**
boi**sson**
moi**sso**nner
moi**sso**nneur
moi**sson**
poi**sso**nneux
poi**sson**
Alen**çon**
Brian**çon**
chan**so**nnette
chan**son**
échan**son**
Besan**çon**
étan**ço**nner
étan**çon**
fri**sso**nner
fri**sson**
héri**ss**é

héri**sson**	uni**sson**	our**son**
poli**sson**nerie	poin**çon**	gar**çon**net
poli**sson**	cai**sson**	gar**çon**
cui**sson**	chau**sson**	tron**çon**ner
bui**sson**	écu**sson**	tron**çon**
pli**sson**	ar**çon**	

Mots terminés par **zon** *et mots terminés par* **son.**

hori**zon**	diapa**son**	mai**son**nette
bi**son**	exhalai**son**	mai**son**
ga**zon**ner	fauchai**son**	pendai**son**
ga**zon**	fenai**son**	pérorai**son**
bla**son**	florai**son**	pe**son**
Su**zon**	garni**son**	pri**son**nier
cargai**son**	guéri**son**	pri**son**
combinai**son**	inclinai**son**	salai**son**
comparai**son**	liai**son**	tondai**son**
conjugai**son**	livrai**son**	trahi**son**
déclinai**son**	lunai**son**	venai**son**

Mots terminés par **oi,** *par* **oie,** *par* **oid**, *par* **ois** *et par* **oit.**

effr**oi**	charr**oi**	court**ois**
fr**oid**ure	lampr**oie**	pat**ois**
fr**oid**	pr**oie**	emp**ois**
Godefr**oi**	détr**oit**	anch**ois**
palefr**oi**	expl**oit**	min**ois**
octr**oi**	empl**oi**	tourn**ois**
courr**oie**	carqu**ois**	sourn**ois**
par**oi**	court**ois**ie	env**oi**

pav**ois**er
pav**ois**
renv**oi**

dév**oi**
cham**ois**
charm**oie**

conv**oi**
Franç**ois**e
Franç**ois**

Mots terminés par **oir** *et mots terminés par* **oire**.

abatt**oir**
prét**oire**
dort**oir**
audit**oire**
gratt**oir**
laborat**oire**
compt**oir**
observat**oire**
trott**oir**
conservat**oire**
diffamat**oire**
exécut**oire**
heurt**oir**
expiat**oire**
mérit**oire**
tort**oir**
not**oire**
l'offert**oire**
obligat**oire**
réfect**oire**
répert**oire**
réquisit**oire**
plant**oir**
sternutat**oire**
territ**oire**

transit**oire**
promont**oire**
comminat**oire**
échappat**oire**
écrit**oire**
pérempt**oire**
préparat**oire**
propitiat**oire**
purgat**oire**
saut**oir**
bout**oir**
arros**oir**
illus**oire**
provis**oire**
ras**oir**
déris**oire**
reserv**oir**
abreuv**oir**
lav**oir**
iv**oire**
aspers**oir**
encens**oir**
Iss**oire**
p**oire**
désesp**oir**

esp**oir**
bouge**oir**
égruge**oir**
grim**oire**
mém**oire**
sem**oir**
Grég**oire**
lamin**oir**
bassin**oire**
entonn**oir**
man**oir**
éteign**oir**
bouill**oire**
démêl**oir**
dol**oire**
gl**oire**
mâch**oire**
mouch**oir**
crach**oir**
déb**oire**
cib**oire**
clif**oire**
ouvr**oir**
terr**oir**
tir**oir**

Mots terminés par **ou**, *par* **oue**, *par* **out** *et par* **oux**.

bamb**ou**	gloug**lou**	r**oux**
deb**out**	cl**ou**	r**oue**
hib**ou**	cach**ou**	tr**ou**er
marab**out**	ch**ou**	tr**ou**
lic**ou**	bach**ou**	courr**oux**
couc**ou**	sapaj**ou**	écr**ou**
amad**ou**	bij**ou**	br**ou**
d**oux**	jouj**ou**	pr**oue**
corrad**oux**	acaj**ou**	m**ou**
ég**out**	j**oue**	m**oue**
cag**ou**	abaj**oue**	mat**ou**
grig**ou**	carcaj**ou**	at**out**
fil**ou**	gen**ou**	surt**out**
jal**oux**	verr**ou**	

Mots terminés par **our**, *par* **oure**, *par* **ourg** *et par* **ours**.

Édimb**ourg**	carref**our**	conc**ours**
St-Pétersb**ourg**	chauf**our**	disc**ours**
Strasb**ourg**	f**our**	rec**ours**
calemb**our**	gastad**our**	parc**ours**
reb**ours**	troubad**our**	vel**ours**
faub**ourg**	pand**oure**	brav**oure**
tamb**our**	cont**our**	séj**our**
lab**our**er	pourt**our**	touj**ours**
lab**our**	dét**our**	Lect**oure**
ramb**our**	ret**our**	T**ours**

Mots terminés par **ode**, *et mots terminés par* **aude**.

Aude	**gaude**	**ode**

pag**ode**	émer**aude**	billeb**aude**
chiquen**aude**	Cl**aude**	mar**auder**
syn**ode**	bl**aude**	mar**audeur**
baguen**aud**ier	comm**od**ité	mar**aude**
baguen**aude**	comm**ode**	péri**od**ique
ap**ode**	fr**auder**	péri**ode**
raps**ode**	fr**aude**	
antip**ode**	épis**ode**	

Mots terminés par **oge** *et mots terminés par* **auge.**

auge	j**auger**	horl**oger**
d**oge**	j**auge**	horl**oge**
l**oge**	t**oge**	s**auge**
él**og**ieux	eucol**oge**	p**oge**
él**oge**	martyrol**oge**	b**auge**

Mots terminés par **ol**, *par* **ole** *et par* **aule.**

tournes**ol**	arib**ole**	rossign**ol**
bouss**ole**	hyperb**ole**	croquign**ole**
entres**ol**	rocamb**ole**	chantign**ole**
cons**ole**	parab**ole**	campagn**ol**
paras**ol**	symb**ole**	carmagn**ole**
éc**ol**ier	girand**ole**	ép**aul**ette
éc**ole**	gond**ole**	ép**aule**
alco**ol**	id**ole**	métrop**ole**
protoc**ole**	mallé**ole**	monop**ole**
bric**ole**	vitri**ol**	coup**ole**
carac**oler**	carri**ole**	casser**ole**
carac**ole**	auré**ole**	pétr**ole**
lic**ol**	babi**ole**	par**ole**

fév**erole**	pist**ole**	friv**ole**
vir**ole**	bénév**ole**	G**aul**ois
bander**ole**	malév**ole**	G**aule**
ét**ole**	friv**ol**ilé	rig**ole**

Mots terminés par **aume**, *par* **ome**, *par* **omme** *et par* **um**.

ar**om**atique	axi**ome**	carcin**ome**
ar**om**ate	silici**um**	stern**um**
ar**om**atiser	osmi**um**	calcané**um**
ar**ome**	opi**um**	maxim**um**
Dr**ôme**	critéri**um**	minim**um**
idi**ome**	atri**um**	fant**ôme**
palladi**um**	pens**um**	at**ome**
compendi**um**	oposs**um**	t**ome**
oïdi**um**	ps**aume**	errat**um**
médi**um**	casé**um**	épit**ome**
sodi**um**	musé**um**	sympt**om**atique
rhodi**um**	ilé**um**	sympt**ôme**
componi**um**	alb**um**	roy**aume**
harmoni**um**	b**aume**	rog**omme**
séléni**um**	laudan**um**	g**omme**
glucini**um**	agron**om**ie	Jér**ôme**
alumini**um**	agron**ome**	sér**um**
potassi**um**	astron**om**ie	Guill**aume**
calci**um**	astron**ome**	

Mots terminés par **one**, *par* **aune** *et par* **onne**.

aném**one**	aum**ône**	Crém**one**
aum**ôn**ier	Pom**one**	pentag**one**

polyg**one**	pers**onne**	cour**onne**
hexag**one**	cons**onne**	monot**on**ie
octog**one**	chil**one**	monot**one**
drag**onne**	col**onne**	cret**one**
ambelig**one**	amaz**one**	Pér**onne**
pers**onn**alité	z**one**	Vér**one**
pers**onnel**	mad**one**	n**onne**
pers**onn**ifier	cour**onner**	

Mots terminés par **fer**, *par* **ffer** *et par* **pher**.

apostro**pher**	para**phe**	bi**ffer**
chau**ffer**	para**pher**	se rebi**ffer**
philoso**phe**	triom**phe**	ébouri**ffer**
philoso**pher**	triom**pher**	gri**ffer**
éto**ffe**	étou**ffement**	coi**ffure**
éto**ffer**	étou**ffer**	coi**ffer**
agra**fe**	pou**ffer**	gre**ffe**
agra**fer**	bou**ffer**	gre**ffer**
pia**ffement**	atti**fet**	
pia**ffer**	atti**fer**	

Mots terminés par **per** *et mots terminés par* **pper**.

gri**pp**er	exci**per**	déca**per**
dissi**p**ation	émanci**p**ation	écha**pper**
dissi**p**ateur	émanci**per**	ha**pper**
dissi**per**	équi**p**ement	sa**per**
fri**per**	équi**per**	égra**pper**
antici**p**ation	fra**pper**	gra**ppe**
partici**p**ation	ja**ppe**ment	la**per**
partici**per**	ja**pper**	galo**p**ade

galo**per**
envelo**ppe**
envelo**pper**
dévelo**ppe**ment
dévelo**pper**

cho**per**
cou**p**ure
cou**p**er
sou**per**
du**p**e

du**per**
trom**per**ie
trom**per**
occu**p**ation
occu**per**

Mots terminés par **rer** *et mots terminés par* **rrer**.

corrobo**r**atif
corrobo**rer**
abho**rrer**
arbo**rer**
ama**rre**
ama**rrer**
déma**rrer**
chama**rer**
compa**rer**

biga**rr**ure
biga**rrer**
éga**r**ement
éga**rer**
contreca**rrer**
na**rr**ation
na**rrer**
effleu**rer**
leu**rre**

leu**rrer**
rembou**rrer**
bou**rrer**
labou**r**eur
labou**rer**
fou**rr**ure
fou**rrer**
entou**r**age
entou**rer**

Mots terminés par **cer**, *par* **scer** *et par* **sser**.

aga**c**ement
aga**cer**
ama**s**
ama**sser**
rama**ss**is
rama**sser**
cadena**s**
cadena**sser**
grima**ce**
grima**cer**
mena**ce**
mena**cer**

bra**ss**eur
bra**ss**erie
bra**sser**
ca**ss**ure
ca**sser**
coa**ss**ement
coa**sser**
croa**ss**ement
croa**sser**
cha**ss**eur
cha**sser**
dépa**sser**

espa**c**ement
espa**cer**
cra**ss**eux
cra**sse**
décra**sser**
déla**ss**ement
déla**sser**
dépla**c**ement
dépla**cer**
effa**c**ement
effa**cer**
enta**ss**ement

entas**ser**
rapetis**ser**
fraca**s**
fracas**ser**
gla**ce**
gla**cer**
concas**ser**
se prélas**ser**
rempla**ce**ment
rempla**cer**
rêva**ss**erie
rêvas**ser**
sa**s**
sas**ser**
ta**ss**ement
tas**ser**
terras**ser**
abai**ss**ement
abais**ser**
acquie**sc**ement
acquies**cer**
adre**sse**
adres**ser**
affai**ss**ement
affais**ser**
confe**ss**ion
confe**ss**eur
confes**ser**
ble**ss**ure
bles**ser**
ce**ss**ation
ces**ser**
dégrai**ss**eur
dégrais**ser**
transgre**ss**ion
transgres**ser**
engrai**s**
engrai**sse**ment
engrais**ser**
délais**ser**
dépè**ce**ment
dépe**cer**
dres**ser**
empre**sse**ment
s'empres**ser**
inté**ress**ant
intéres**ser**
oppre**ss**ion
oppres**ser**
pre**ss**ion
pres**ser**
profe**ss**ion
profes**ser**
rapiè**ce**ment
rapié**cer**
tre**sse**
tres**ser**
pli**ss**ement
plis**ser**
déplis**ser**
écli**sse**
éclis**ser**
poli**ce**
poli**cer**
gli**ss**ant
glis**ser**
pali**ss**ade
palis**ser**
épi**ce**
épi**cer**ie
épi**c**ier
épi**cer**
tapi**s**
tapi**ss**ier
tapis**ser**
esqui**sse**
esquis**ser**
s'immi**scer**
lambri**s**
lambris**ser**
rati**ss**oire
ratis**ser**
verni**s**
vernis**ser**
ado**ss**ement
ados**ser**
bro**sse**
bro**ss**eur
bros**ser**
cros**ser**

co**sse**
éco**sser**
chau**ss**ure
chau**sser**
fau**ss**ement
fau**ss**aire
fau**sser**
rehau**sser**
ro**sse**
ro**sser**
sau**ce**
sau**cer**
amor**ce**
amor**cer**
divor**ce**
divor**cer**
écor**ce**
écor**cer**
s'effor**cer**
for**cer**
renfor**cer**
annon**ce**
annon**cer**
défon**c**ement
défon**cer**
dénon**c**iation
dénon**c**iateur
dénon**cer**
enfon**cer**
énon**c**iation

énon**cer**
fron**c**ement
fron**cer**
pronon**c**iation
pronon**cer**
renon**c**iation
renon**cer**
ber**c**eau
ber**cer**
boulever**s**ement
boulever**ser**
conver**s**ation
conver**ser**
déver**ser**
disper**s**ion
disper**ser**
per**c**ement
per**cer**
transper**cer**
malver**s**ateur
malver**s**ation
malver**ser**
renver**s**ement
renver**ser**
ver**s**ement
ver**ser**
tergiver**s**ation
tergiver**ser**
her**s**age
her**se**

her**ser**
ger**ç**ure
ger**cer**
exer**c**ice
exer**cer**
avan**c**ement
avan**cer**
caden**ce**
caden**cer**
dan**s**eur
dan**se**
dan**ser**
compen**s**ation
compen**ser**
dépen**se**
dépen**ser**
dispen**se**
dispen**ser**
récompen**se**
récompen**ser**
pan**s**ement
pan**s**er
pen**s**ée
pen**ser**
devan**cer**
encen**s**
encen**s**oir
encen**ser**
recen**s**ement
recen**ser**

commen**ce**ment	offen**s**e	émou**sser**
commen**cer**	offen**ser**	glou**ss**ement
ensemen**ce**ment	tan**cer**	glou**sser**
ensememen**cer**	compul**ser**	hou**ss**oir
fian**ç**ailles	expul**s**ion	hou**sser**
fian**cer**	expul**ser**	rebrou**sser**
lan**cer**	éclabou**ss**ure	pou**sser**
nuan**ce**	éclabou**sser**	repou**sser**
nuancer	courrou**cer**	trémou**sser**

Mots terminés par **cie**, *par* **sie**, *par* **tie** *et par* **xie**.

Ru**ss**e	alopé**cie**	esquinan**cie**
Ru**ssie**	anore**xie**	pharma**cie**n
minu**tie**ux	apep**sie**	pharma**cie**
minu**tie**	apople**xie**	supréma**tie**
argu**tie**	épilep**sie**	cha**ssie**ux
autop**sie**	dyspep**sie**	cha**ssie**
aristocra**t**e	facé**tie**ux	démocra**t**e
aristocra**tie**	facé**tie**	démocra**tie**
calvi**tie**	Me**ssie**	autocra**t**e
asphy**xie**r	ve**ssie**	autocra**tie**
asphy**xie**	prophé**t**ique	ochlocra**tie**
superfi**cie**l	prophè**t**e	théocra**tie**
superfi**cie**	prophé**tie**	iner**t**e
impéri**tie**	nécroman**cie**n	iner**tie**
péripé**tie**	nécroman**cie**	

Mots terminés par **cieux**, *par* **ssieux** *et par* **tieux**.

ambi**t**ion	ambi**t**ionner	ambi**tieux**

déli**ce**
déli**cieux**
sédi**t**ion
séde**tieux**
perni**cieux**
supersti**t**ion
supersti**tieux**
mali**ce**
mali**cieux**
judi**cieux**
cap**tieux**
capri**ce**
capri**cieux**

vi**ce**
vi**c**ier
vi**cieux**
grâ**ce**
grâ**cieux**
auda**ce**
auda**cieux**
falla**cieux**
spa**cieux**
fac**t**ion
fac**tieux**
licen**ce**
licen**cieux**

conscien**ce**
conscien**cieux**
sen**t**en**ce**
senten**cieux**
révéren**cieux**
facé**t**ie
facé**tieux**
spé**cieux**
pré**cieux**
sou**ci**
sou**cieux**

Mots terminés par **ciel** *et mots terminés par* **tiel.**

artifi**ce**
artifi**ciel**
essen**tiel**
péniten**tiel**

circonstan**ce**
circonstan**ciel**
substan**tiel**
superfi**cie**

superfi**ciel**
pestilen**tiel**
offi**ciel**

Mots terminés par **cial**, *par* **ssial** *et par* **tial.**

abba**tial**
paroi**ss**e
paroi**ssial**
impar**tial**ité
impar**tial**
par**tial**ité

par**tial**
provin**ce**
provin**cial**
spé**cial**ité
spé**cial**
bénéfi**ce**

bénéfi**cial**
Mar**tial**
offi**cial**
nup**tial**
so**c**iété
so**cial**

Mots terminés par **cir**, *par* **ssir** *et par* **sir.**

adou**c**issement
adou**cir**

épai**s**
épai**ssir**

dur**c**issement
dur**cir**

gros**sir**
noir**ce**ur
noir**cir**
réu**ss**ite
réu**ssir**
ran**c**issure
ran**cir**
tran**sir**
amin**c**issement
amin**cir**
chan**c**issure
chan**cir**
accour**c**issement
accour**cir**
éclair**c**issement
éclair**cir**
endur**c**issement
endur**cir**
s'endur**cir**
rétré**c**issement
rétré**cir**
obscur**c**issement
obscur**cir**
far**c**issure
far**cir**
rou**ssir**

Mots terminés par **al** *et mots terminés par* **ale**.

hôpit**al**
pét**ale**
mét**al**lique
mét**al**
crot**ale**
piédest**al**
vest**ale**
op**ale**
nop**al**
bub**ale**
cab**ale**r
cab**ale**
cymb**ale**
timb**ale**
péd**ale**
déd**ale**
scand**al**iser
scand**ale**
vand**al**isme
vand**ale**
sand**ale**
arsen**al**
fan**al**
narv**al**
can**al**
interv**alle**
carnav**al**
ov**ale**
madrig**al**
rég**al**
cig**ale**
raf**ale**
spir**ale**
cathédr**ale**

Mots terminés par **il**, *par* **ile** *et par* **yle**.

hab**ile**té
hab**ile**
déb**il**ité
déb**ile**
bab**ill**er
bab**ill**ard
bab**il**
syb**ile**
alib**ile**
mob**il**ité
mob**ile**
nub**il**ité
nub**ile**
indéléb**ile**
crocod**ile**

cond**yle**
éd**il**ité
éd**ile**
spond**yle**
morf**il**
prof**il**
pantoph**ile**
Théoph**ile**
arg**il**eux
arg**ile**
ag**il**ité
ag**ile**
frag**il**ité
frag**ile**
pist**il**
fert**il**ité
fert**ile**
st**yle**
rept**ile**
subt**il**

cot**yle**
dact**yle**
versat**il**ité
versat**ile**
text**ile**
valat**il**ité
volat**il**
volat**ile**
tact**ile**
project**ile**
puér**il**ité
puér**il**
virilité
vir**il**
stérilité
stér**il**
fébr**ile**
Em**ile**
m**il**
sénilité

sén**il**
juvénilité
juvén**ile**
docilité
doc**ile**
sess**ile**
foss**ile**
imbécilité
imbéc**ile**
facilité
fac**ile**
conc**ile**
ustens**ile**
codic**ile**
servilité
serv**ile**
civilité
civ**il**

Mots terminés par **aine**, *par* **eine**, *par* **ène** *et par* **enne**

aub**aine**
éb**ène**
bourd**aine**
Molybd**ène**
fred**aine**
bed**aine**
hal**eine**
porcel**aine**

bal**eine**
marjol**aine**
Madel**eine**
Phal**ène**
scal**ène**
dom**aine**
sem**aine**
énergum**ène**

font**aine**
fut**aine**
mit**aine**
ant**enne**
gangréneux
gangr**ène**
gr**aine**tier
gr**aine**

migr**aine**	car**ène**	hygiénique
gar**enne**	marr**aine**	hygi**ène**
sir**ène**	f**aîne**	neuv**aine**
ar**ène**	indi**enne**	verv**eine**
fr**êne**	tro**ène**	
mur**ène**	cou**enne**	

Mots terminés par **ai**, *par* **ais**, *par* **ait**, *par* **ay**, *par* **ès**, *par* **êt** *et par* **et**.

Franç**aise**	pr**ê**t**e**r	bienf**ait**
Franç**ais**	pr**êt**	méf**ait**
proc**ès**	progresser	forf**ait**
ess**ai**	progr**ès**	prof**ès**
gouss**et**	bal**ai**	préf**et**
abc**ès**	congr**ès**	prot**êt**
accessible	engr**ais**ser	ét**ai**
acc**ès**	engr**ais**	caqu**et**er
déc**ès**	pal**ais**	caqu**et**age
excessif	gal**et**	caqu**et**
exc**ès**	dél**ai**	qu**ai**
succ**ès**	Mal**ais**ie	paqu**et**er
mar**ais**	Mal**ais**	paqu**et**
miner**ai**	Polon**ais**	parqu**et**er
minar**et**	Japon**ais**	parqu**et**
for**êt**	pan**ais**	hoqu**et**
intér**êt**	ben**êt**	baqu**et**
coter**et**	Tourn**ay**	bosqu**et**
Courtr**ay**	gen**ê**tière	roqu**et**
Cambr**ai**	gen**êt**	sobriqu**et**
cypr**ès**	bienf**ait**eur	Bomb**ay**

rab**ais**	souh**ait**	dad**ais**
Dou**ai**	Portug**ais**	Holland**ais**
souh**ait**er	mugu**et**	

Mots terminés par **andre** *et mots terminés par* **endre.**

Alexandrine	gen**dre**	paliss**andre**
Alex**andre**	mé**andre**	déf**endre**
escl**andre**	salam**andre**	scaph**andre**
cendré	cal**andre**	ép**andre**
cendre	cori**andre**	scolop**endre**
fil**andre**ux	mal**andre**	rép**andre**
fil**andre**	olé**andre**	

Mots terminés par **fe**, *par* **ffe** *et par* **phe.**

bibliogra**ph**ie	télégra**ph**ie	hiérogly**phe**
bibliogra**phe**	télégra**phe**	logogri**phe**
calligra**ph**ie	gira**fe**	escogri**ffe**
calligra**phe**	sca**phe**	ponti**f**icat
agra**fe**r	esca**fe**	ponti**fe**
agra**fe**	cénota**phe**	philoso**ph**ie
paragra**phe**	apocry**phe**	philoso**phe**
para**phe**r	bri**fe**	éto**ffe**r
para**phe**	gri**ffe**r	éto**ffe**
cara**f**on	gri**ffe**	stro**phe**
cara**fe**	cali**f**at	
épigra**phe**	cali**fe**	

Mots terminés par **aître**, *par* **ètre**, *par* **ettre** *et par* **être.**

kilom**ètre**	perm**ettre**	ém**ettre**
barom**ètre**	aréo**mètre**	anémom**ètre**

chronom**ètre**
entrem**ettre**
diam**ètre**
comm**ettre**
électrom**ètre**
eudiom**ètre**
gazom**ètre**
om**ettre**
géométrie
géom**ètre**
graphom**ètre**
prom**ettre**
hexam**ètre**
holom**ètre**
hyétom**ètre**
ombrom**ètre**
hygrom**ètre**
rem**ettre**
microm**ètre**
soum**ettre**
thermom**ètre**
transm**ettre**
champ**être**
p**aître**
rep**aître**
salp**être**
fen**être**
conn**aître**
reconn**aître**
méconn**aître**
n**aître**
ren**aître**
par**aître**
repar**aître**
dispar**aître**
appar**aître**
compar**aître**
anc**être**
chev**être**
tr**aître**
gu**être**
h**être**
pr**êtr**ise
pr**être**

Mots terminés par **aise**, *par* **èse** *et par* **eize.**

Bl**aise**
al**èse**
gl**aise**
mal**aise**
dioc**és**ain
dioc**èse**
s**eize**
fr**ais**ier
fr**aise**
tr**eize**
br**aise**
catachr**èse**
di**èse**
gen**èse**
fourn**aise**
pun**aise**
antith**èse**
hypoth**èse**
mort**aise**
synth**èse**
parenth**èse**
ch**aise**
cym**aise**

Mots terminés par **ote** *et mots terminés par* **otte.**

antid**ote**
gri**ott**ier
gri**otte**
b**ott**ier
b**otte**
rib**ot**er
rib**ote**
garr**otte**
car**otte**

cul**otte**	gibel**otte**	gav**otte**
pel**ot**on	matel**ote**	dév**ote**
pel**ote**	marm**otte**	gr**otte**
Charl**otte**	mar**otte**	papill**otte**
fl**otte**	men**otte**	patri**ote**
échal**ote**	**note**	
cal**otte**	lin**otte**	

Mots terminés par **indre**, *par* **aindre** *et par* **eindre.**

cyl**indre**	empr**eindre**	pl**ainte**
att**eindre**	épr**eindre**	pl**aindre**
contr**aindre**	c**eint**ure	t**eint**ure
étr**eindre**	c**eindre**	t**eindre**
cr**ainte**	p**eint**ure	f**einte**
cr**aindre**	p**eindre**	f**eindre**
restr**eindre**	dép**eindre**	**Indre**
empr**einte**	g**eindre**	

Mots terminés par **ande** *et mots terminés par* **ende.**

br**ande**	lav**ande**	houppel**ande**
divid**ende**	prov**ende**	lim**ande**
l**ande**	dem**ander**	multiplic**ande**
lég**end**aire	dem**ande**	propag**and**iste
lég**ende**	comm**ander**	propag**ande**
offr**ande**	comm**ande**	réprim**ander**
préb**ende**	gl**and**uleux	réprim**ande**
contreb**and**ier	gl**ande**	vi**ande**
contreb**ande**	guirl**ande**	

Mots terminés par **aigne**, *par* **ègne** *et par* **eigne.**

chât**aign**ier	chât**aigne**	du**ègne**

emp**eigne**
ens**eigne**
interr**ègne**
Sard**aigne**
peigner
peignoir
p**eigne**
teigneux
teigne

Mots terminés par **ute** *et mots terminés par* **utte.**

ch**ute**
b**utte**
culb**ut**er
culb**ute**
br**ut**alité
br**ute**
min**ute**
l**utt**er
l**utte**
vol**ute**
disp**ute**
h**utte**

Mots terminés par **ul** *et mots terminés par* **ule.**

b**ulle**
bub**ul**
glob**ule**
concilliab**ule**
funamb**ule**
mandib**ule**
préamb**ule**
vestib**ule**
somnamb**ul**isme
somnamb**ule**
tuberc**ule**
animalc**ule**
montic**ule**
calc**ul**
véhic**ule**
basc**ule**
canic**ule**
clavic**ule**
conventic**ule**
corpusc**ule**
crépusc**ule**
fascic**ule**
féc**ule**
moléc**ule**
opusc**ule**
pédic**ule**
pédonc**ule**
panic**ule**
pellic**ule**
renonc**ule**
rétic**ule**
ridic**ule**
ventric**ule**
cons**ul**at
cons**ul**
caps**ule**
pénins**ule**
Urs**ule**
céd**ule**
cell**ule**
créd**ul**ité
créd**ule**
mod**ule**
pend**ule**
fist**ule**
rot**ule**
spat**ule**
tarent**ule**
pust**ule**
scrup**ul**eux
scrup**ule**
crap**ul**eux
crap**ule**

Mots terminés par **amment** *et mots terminés par* **emment**.

appar**en**ce
appar**emment**
cour**amment**
concurr**en**ce
concur**emment**
indiffér**en**ce
indiffér**em**-
ard**ent** [**ment**
ard**emment**
évid**en**ce
évid**emment**
abond**an**ce
abond**amment**
imprud**en**ce
imprud**em**-
ment
impud**en**ce
impud**emment**
indépend**an**ce
indépend**am**-
ment
incid**en**ce
incid**emment**
confid**en**ce
confid**emment**
surabond**an**ce
surabond**am**-
ment

complais**an**ce
complais**am**-
plais**ant** [**ment**
plais**amment**
suffis**an**ce
suffis**amment**
pes**ant**
pes**amment**
conséqu**en**ce
conséqu**em**-
ment
éloqu**en**ce
éloqu**emment**
subséqu**ent**
subséqu**em**-
ment
fréqu**en**ce
fréqu**emment**
const**an**ce
const**amment**
inst**an**ce
inst**amment**
not**amment**
nuit**amment**
néglig**en**ce
néglig**emment**
oblige**an**ce
oblige**amment**

intellig**en**ce
intellig**em**-
dilig**en**ce [**ment**
dilig**emment**
vigil**an**ce
vigil**amment**
viol**en**ce
viol**emment**
indol**en**ce
indol**emment**
dol**ent**
dol**emment**
vaill**an**ce
vaill**amment**
ferv**ent**
ferv**emment**
sav**ant**
sav**amment**
étonn**ant**
étonn**amment**
émin**ent**
émin**emment**
impertin**en**ce
impertin**em**-
ment
pertin**ent**
pertin**emment**
incess**ant**

incess**amment**	réc**ent**	pati**emment**
indéc**ent**	réc**emment**	impati**ence**
indéc**emment**	bruy**ant**	impati**emment**
innoc**ence**	bruy**amment**	méch**ant**
innoc**emment**	sci**ence**	méch**amment**
puiss**ance**	sci**emment**	
puiss**amment**	pati**ence**	

Mots terminés par **ler** *et mots terminés par* **ller.**

emba**ller**	acco**ller**	osci**ller**
déba**ller**	brico**ler**	vaci**ll**ation
cab**ale**	disti**ll**ation	vaci**ller**
caba**ler**	disti**ller**	exi**ler**
déta**ler**	scinti**ll**ation	dessi**ll**ement
insta**ll**ation	scinti**ll**er	dessi**ller**
insta**ller**	muti**l**ation	compi**l**ation
interca**l**ation	muti**ler**	compi**ler**
interca**l**er	osci**ll**ation	

Mots terminés par **é**, *par* **ée**, *et par* **er.**

abb**é**	échaud**é**	dang**er**
scarab**ée**	Amédée	périg**ée**
calib**é**	caf**é**	clerg**é**
enjamb**ée**	coryph**ée**	berg**er**ie
jub**é**	troph**ée**	berg**er**
carab**é**	caraf**é**	boulang**er**ie
coud**ée**	bouff**ée**	boulang**er**
id**ée**	apog**ée**	étrang**er**
ond**ée**	cong**é**	horlog**er**ie
procéd**é**	dang**er**eux	horlog**er**

5.

orangerie
oranger
préjugé
potager
verger
dragée
abrégé
gorgée
rangée
défilé
boisselée
clavelée
culée
intitulé
écuellée
giboulée
giroflée
mausolée
mêlée
onglée
jubilé
vallée
camée
pommé
fumée
pygmée
renommée
Salomé
année
cheminée

destinée
fournée
guinée
raisiné
haquenée
journée
matinée
sené
canapé
échappée
épée
épopée
poupée
ripopée
curé
bourrée
centaurée
chicorée
cuillerée
degré
simagrée
denrée
diarrhée
échauffourée
galimafrée
marée
mijaurée
juré
liseré
soirée

poiré
purée
chaussée
fessée
cétacé
insensé
lycéen
lycée
récépissé
caducée
fricassée
maréchaussée
pensée
pincée
tassée
traversée
comté
assiettée
Timothée
athéisme
athée
paté
comité
Protée
brouettée
société
piété
charrette
charrettée
pauvreté

hot**t**e
hott**ée**
loyaut**é**
jatt**ée**
probit**é**
joint**ée**
mont**ée**
bont**é**
fatuit**é**
nuit**ée**
superfluit**é**
pellet**ée**
plat**ée**
pot**ée**

Mots terminés par **ac** *et mots terminés par* **aque**.

b**ac**
aba**que**
tab**ac**
ca**que**
mac**aque**
pl**aque**
brucol**aque**
cl**aquer**
cl**aque**
l**ac**
l**aque**
pol**ac**
ham**ac**
Télém**aque**
micm**ac**
sum**ac**
Cogn**ac**
Gaï**ac**
till**ac**
mani**aque**
cardi**aque**
zodi**aque**
bivou**ac**
clo**aque**
op**aque**
patr**aque**
trictr**ac**

Mots terminés par **ic** *et mots terminés par* **ique**.

port**ique**
mast**ic**
cant**ique**
pronost**ic**
dist**ique**
émét**ique**
loust**ic**
synd**ic**at
synd**ic**
agar**ic**
Médér**ic**
alamb**ic**
Mozamb**ique**
porc-ép**ic**
trop**ique**
lex**ique**
Mex**ique**
tox**ique**
spécif**ique**
traf**ic**
Ludov**ic**
civ**ique**

Mots terminés par **oc** *et mots terminés par* **oque**.

bar**oque**
r**oc**
Mar**oc**
bic**oque**
ch**oc**
coll**oque**
c**oque**
bl**oc**
pendel**oque**

ventril**oque**	t**oque**	ph**oque**
l**oque**	baï**oque**	t**oc**
fr**oc**	mani**oc**	tr**oc**
ép**oque**	équiv**oque**	
est**oc**	s**oc**	

Mots terminés par **ame** *et mots terminés par* **amme**.

g**amme**	r**ame**r	progr**amme**
amalg**ame**	r**ame**	épigr**amme**
Berg**ame**	dr**ama**tique	tr**ame**
gr**amme**	dr**ame**	

Mots terminés par **ax** *et mots terminés par* **axe**.

a**xe**	smil**ax**	bor**ax**
anthr**ax**	paral**axe**	
drop**ax**	thor**ax**	

Mots terminés par **ele**, *par* **èle** *et par* **elle**.

app**el**	Ab**el**	Ad**èle**
carp**elle**	lib**ell**iste	fid**él**ité
érysip**èle**	lib**elle**	fid**èle**
Archip**el**	glab**elle**	parall**él**isme
scalp**el**	reb**elle**	parrall**èle**
past**el**	asphod**èle**	pluri**el**
cart**el**	mod**èle**	

Mots terminés par **ète**, *par* **ête** *et par* **ette**.

anachor**ète**	arbal**ète**	di**ète**
bar**ette**	diab**ète**	assi**ette**
athl**ète**	rab**ette**	épith**ète**

interpr**ète**	proph**ète**	piqu**ette**
caden**ette**	estaf**ette**	casqu**ette**
plan**ète**	pomm**ette**	qu**êter**
honn**ête**té	com**ète**	qu**ête**
honn**ête**	enqu**ête**	cr**ête**
po**ète**	raqu**ette**	temp**ête**
brou**ette**	requ**ête**	tromp**ette**
proph**éti**e	conqu**ête**	

Mots terminés par **ante** *et mots terminés par* **ente**.

att**en**dre	v**ente**	inf**ant**
att**ente**	serv**ante**	inf**ante**
cinqu**ant**aine	ent**en**dre	tang**ente**
cinqu**ante**	ent**ente**	tourm**ente**
séc**ante**	fi**ente**	r**en**tier
dét**en**dre	aimi**ante**	r**ente**
dét**ente**	pat**enter**	quar**ant**aine
épouv**anter**	pat**ente**	quar**ante**
épouv**ante**	pl**anter**	
v**en**dre	pl**ante**	

Mots terminés par **sion**, *par* **ssion**, *par* **tion** *et par* **xion**.

abdica**tion**	abomina**tion**	acclimata**tion**
abberra**tion**	abrévia**tion**	accumula**tion**
abjura**tion**	abroga**tion**	accusa**tion**
ablacta**tion**	accéléra**tion**	adapta**tion**
ablaquéa**tion**	accepta**tion**	adjudica**tion**
abla**tion**	acceptila**tion**	administra**tion**
abnéga**tion**	acclama**tion**	admira**tion**

adjuration
admonestation
amodiation
adoration
adulation
affabulation
affectation
affiliation
affirmation
agglomération
agitation
agrégation
aliénation
allégation
allocation
allitération
altération
altercation
amélioration
ampliation
amplification
amputation
animation
annihilation
annonciation
annomination
annotation
annulation
anticipation
appellation

application
appréciation
approbation
approximation
argumentation
arrestation
articulation
aspiration
assignation
assimilition
association
atténuation
attestation
auscultation
autorisation
béatification
bifurcation
calcination
canonisation
capitulation
captation
cassation
cautérisation
célébration
centralisation
cessation
circulation
citation
clarification
classification

claudication
coagulation
cohabitation
collation
collication
collocation
commisération
commination
compassion
occupation
passion
constipation
compensation
compilation
concentration
conciliation
condamnation
condensation
confédération
configuration
confirmation
consfiscation
conformation
confrontation
congélation
conglobation
conglomération
congratulation
congrégation
conjuration

consécra**tion**
conversa**tion**
considéra**tion**
consola**tion**
consolida**tion**
consomma**tion**
conspira**tion**
contesta**tion**
consterna**tion**
consulta**tion**
comtempla**tion**
convoca**tion**
corpora**tion**
corréla**tion**
cotisa**tion**
créa**tion**
crispa**tion**
cristallisa**tion**
damna**tion**
déalba**tion**
débilita**tion**
décanta**tion**
déclama**tion**
déclara**tion**
décolla**tion**
décora**tion**
défalca**tion**
déflagra**tion**
dégusta**tion**
déifica**tion**

déla**tion**
délecta**tion**
délibéra**tion**
délinéa**tion**
délimita**tion**
démonstra**tion**
dénéga**tion**
dénomina**tion**
dénoncia**tion**
déporta**tion**
déprava**tion**
déprécal**tion**
dépréciat**tion**
déprédat**tion**
dépura**tion**
députa**tion**
dériva**tion**
déroga**tion**
despuma**tion**
desquama**tion**
dessica**tion**
destina**tion**
détériora**tion**
détermina**tion**
détona**tion**
dévasta**tion**
dévia**tion**
diffama**tion**
dilacéra**tion**
dilapida**tion**

dilata**tion**
disloca**tion**
dispensa**tion**
disserta**tion**
dissipa**tion**
distilla**tion**
divaga**tion**
divina**tion**
divulga**tion**
édifica**tion**
édulcora**tion**
élabora**tion**
élonga**tion**
élucida**tion**
élucubra**tion**
émana**tion**
émancipa**tion**
émigra**tion**
énerva**tion**
énoncia**tion**
énuméra**tion**
équita**tion**
éructa**tion**
évalua**tion**
évoca**tion**
exagéra**tion**
exalta**tion**
exaspéra**tion**
excava**tion**
exclama**tion**

excommunica**tion**
excoria**tion**
exécra**tion**
exfolia**tion**
exhéréda**tion**
exhorta**tion**
exhuma**tion**
expectora**tion**
expia**tion**
expira**tion**
exploita**tion**
exporta**tion**
exprobra**tion**
expropria**tion**
exsicca**tion**
extermina**tion**
exsuda**tion**
extirpa**tion**
exulta**tion**
fabrica**tion**
falsifica**tion**
fascina**tion**
félicita**tion**
fermenta**tion**
filia**tion**
filtra**tion**
fixa**tion**
flagella**tion**
fluctua**tion**
fomenta**tion**
fumiga**tion**
fustiga**tion**
gratifica**tion**
gravita**tion**
gusta**tion**
habita**tion**
homologa**tion**
humecta**tion**
humilia**tion**
illuta**tion**
imagina**tion**
imita**tion**
immatricula**tion**
immola**tion**
impétra**tion**
implanta**tion**
importa**tion**
impréca**tion**
improba**tion**
imputa**tion**
inaugura**tion**
incinéra**tion**
incita**tion**
inclina**tion**
inconsidéra**tion**
incrusta**tion**
incuba**tion**
indigna**tion**
infiltra**tion**
inflamma**tion**
informa**tion**
inhuma**tion**
initia**tion**
innova**tion**
inocula**tion**
inonda**tion**
insinua**tion**
inspira**tion**
installa**tion**
instiga**tion**
intercala**tion**
interpella**tion**
interpréta**tion**
interroga**tion**
investiga**tion**
invoca**tion**
irradia**tion**
irrita**tion**
irrora**tion**
lacéra**tion**
lamenta**tion**
lapida**tion**
léviga**tion**
licita**tion**
liquéfac**tion**
liquida**tion**
loca**tion**
luxa**tion**

macéra**tion**
machina**tion**
malversa**tion**
manifesta**tion**
manduca**tion**
manipula**tion**
mastica**tion**
matura**tion**
média**tion**
médita**tion**
migra**tion**
modéra**tion**
modifica**tion**
modula**tion**
muta**tion**
mutila**tion**
mystifica**tion**
narra**tion**
nata**tion**
naturalisa**tion**
naviga**tion**
néga**tion**
négocia**tion**
notifica**tion**
numéra**tion**
objurga**tion**
obliga**tion**
observa**tion**
obstina**tion**
occulta**tion**
occupa**tion**
ondula**tion**
opéra**tion**
opila**tion**
ordina**tion**
organisa**tion**
oscilla**tion**
ossifica**tion**
ostenta**tion**
ova**tion**
pacifica**tion**
pallia**tion**
palpita**tion**
participa**tion**
pérégrina**tion**
perfora**tion**
permuta**tion**
perpétra**tion**
perturba**tion**
pétrifica**tion**
préconisa**tion**
prédica**tion**
prémédita**tion**
prévarica**tion**
proclama**tion**
procura**tion**
profana**tion**
promulga**tion**
prononcia**tion**
propaga**tion**
proroga**tion**
prosterna**tion**
prostra**tion**
protesta**tion**
provoca**tion**
publica**tion**
pulsa**tion**
pulvérisa**tion**
purga**tion**
purifica**tion**
ratifica**tion**
réalisa**tion**
récapitula**tion**
récita**tion**
réconcilia**tion**
récréa**tion**
récusa**tion**
rectifica**tion**
récrimina**tion**
récupéra**tion**
réfrigéra**tion**
réfuta**tion**
réhabilita**tion**
réitéra**tion**
relaxa**tion**
rémunéra**tion**
répudia**tion**
restaura**tion**
revendica**tion**
révoca**tion**

saliva**tion**
saluta**tion**
scintilla**tion**
séquestra**tion**
spécifica**tion**
spéculation
spolia**tion**
sputa**tion**
stagna**tion**
stipula**tion**
strangula**tion**
subroga**tion**
sustenta**tion**
tritura**tion**
usurpa**tion**
vaca**tion**
vacilla**tion**
valida**tion**
végéta**tion**
vénéra**tion**
vérifica**tion**
versifica**tion**
vexa**tion**
viola**tion**
acce**ssion**
agre**ssion**
compre**ssion**
conce**ssion**
digre**ssion**
discré**tion**

concré**tion**
expre**ssion**
pre**ssion**
excré**tion**
impre**ssion**
indiscré**tion**
interce**ssion**
obse**ssion**
oppre**ssion**
proce**ssion**
profe**ssion**
progre**ssion**
réplé**tion**
répre**ssion**
sécré**tion**
se**ssion**
sujé**tion**
suppre**ssion**
transgre**ssion**
abjec**tion**
affec**tion**
anne**xion**
comple**xion**
confec**tion**
conne**xion**
défec**tion**
élec**tion**
fle**xion**
génufle**xion**
infec**tion**

infle**xion**
injec**tion**
inspec**tion**
insurrec**tion**
objec**tion**
perfec**tion**
porrec**tion**
prédilec**tion**
projec**tion**
protec**tion**
réfec**tion**
réfle**xion**
résurrec**tion**
sec**tion**
aboli**tion**
acquisi**tion**
admi**ssion**
ambi**tion**
opposi**tion**
audi**tion**
composi**tion**
condi**tion**
contri**tion**
ébulli**tion**
édi**tion**
émi**ssion**
érudi**tion**
expédi**tion**
extradi**tion**
igni**tion**

inanition
indisposition
intermission
intromission
intuition
mission
munition
nutrition
omission
partition
permission
pétition
prétérition
prohibition
réquisition
sédition
soumission
tradition
transmission
transposition
appréhension
ascension
attention
compréhension
contention
extension
contravention
convention
détention
dimension

dissension
distension
tension
pension
propension
expansion
suspension
intervention
invention
manutention
mention
obstention
prétention
prévention
répréhension
rétention
subvention
abstersion
aspersion
assertion
aversion
conversion
dispersion
diversion
émersion
immersion
insertion
interversion
inversion
subversion

ablution
absolution
allocution
attribution
concussion
discussion
exécution
percussion
persécution
locution
répercussion
évolution
dévolution
destitution
involution
constitution
contribution
dissolution
institution
absorption
adduction
fluxion
déduction
destruction
induction
obstruction
production
traduction
abstraction
attraction

distrac**tion**
effrac**tion**
exac**tion**
extrac**tion**
fac**tion**
frac**tion**
infrac**tion**
liquéfac**tion**
putréfac**tion**
raréfac**tion**
réfac**tion**
réfrac**tion**
rétroac**tion**
trac**tion**
transac**tion**
tuméfac**tion**
afflic**tion**
astric**tion**
bénédic**tion**
malédic**tion**
constric**tion**
dic**tion**
evic**tion**
fic**tion**
fric**tion**
inflic**tion**
interdic**tion**
juridic**tion**
prédic**tion**
adjonc**tion**
componc**tion**
conjonc**tion**
disjonc**tion**
fonc**tion**
injonc**tion**
jonc**tion**
sanc**tion**
distinc**tion**
extinc**tion**
adop**tion**
op**tion**
assomp**tion**
présomp**tion**
circonscrip**tion**
conscrip**tion**
descrip**tion**
inscrip**tion**
prescrip**tion**
proscrip**tion**
rescrip**tion**
transcrip**tion**
concep**tion**
excep**tion**
intercep**tion**
obrep**tion**
percep**tion**
récep**tion**
subrep**tion**
souscrip**tion**
suscrip**tion**
rédemp**tion**
péremp**tion**
incur**sion**
por**tion**
propor**tion**
tor**sion**
contor**sion**
distor**sion**
impul**sion**
divul**sion**
expul**sion**
répul**sion**
révul**sion**
convul**sion**
évul**sion**
émul**sion**

FIN.

TABLE DES MATIÈRES

Pages

PREMIÈRE PARTIE.

DEUXIÈME PARTIE.

TROISIÈME PARTIE.

FIN DE LA TABLE.

CHATEAUROUX. — IMPRIMERIE ET LITHOGRAPHIE A. NURET ET FILS.

A LA MÊME LIBRAIRIE

DU MÊME AUTEUR

LEXICOLOGIE & LEXICOGRAPHIE

SIMULTANÉES

OU

PROBLÈMES D'ORTHOGRAPHE

A L'USAGE

Des écoles normales et des élèves les plus avancés

Un volume de 352 pages, richement cartonné

Prix : 2 francs

Cet ouvrage, unique en son genre, est appelé à rendre de grands services dans les écoles primaires, où l'on ne peut que rarement enseigner l'orthographe à l'aide des racines grecques et latines. Il constitue avec le corrigé que nous publions aujourd'hui, une méthode sûre pour apprendre ou enseigner la signification et l'orthographe des mots.

www.ingramcontent.com/pod-product-compliance
Ingram Content Group UK Ltd.
Pitfield, Milton Keynes, MK11 3LW, UK
UKHW012040240726
13965UKWH00003B/932